简帛书写与河西走廊

——聊城大学简帛学研究团队考察纪实

李如冰 主编

知识产权出版社
全国百佳图书出版单位
—北京—

↑ 聊城大学简帛学研究中心考察队员大墩烽燧遗址合影

↑ 阳关遗址考察

↑ 河仓城遗址考察

↑ 敦煌古墓群遗址考察

↑ 悬泉置遗址考察

↑ 榆林窟考察

↑ 嘉峪关考察

↑ 肩水金关考察

↑ 居延遗址考察

↑ 甲渠候官遗址考察

↑ 锁阳城遗址考察

↑ 千年不倒的胡杨木

简帛书写与河西走廊：
聊城大学简帛学研究团队考察纪实

目 录

丝绸之路上的简帛书写

蔡先金*

在今天"一带一路"的语境下，"丝绸之路"愈加彰显其熠熠光辉。穿越时间隧道，人们仿佛又看到汉唐以来丝路上络绎不绝的商团，听到洒落于戈壁沙滩上驼队铃声，恢宏大气，超以象外。众人皆知，"丝绸之路"这个闪光的概念是19世纪德国著名地理学家李希霍芬（Ferdinand von Richthofen，1833—1905年）提出的，恰巧紧接19世纪末以来，各色探险队往来于我国广袤的西域，发现了大量的"流沙坠简"，由此又催生了"简帛学"这一国际显学。由此可知，"丝路"与"简帛"成了一对相互关联的关键性概念。聊城大学简帛学研究中心于2018年甫一成立，诸位同仁不甘落后，志存高远，第一次学术"预流"计划就是从"丝路"与"简帛"关联课题开启，对"丝绸之路"作阶段性的简帛文化地理和知识考古学的田野考察，旨在考察与了解"丝绸之路上的简帛书写"之状况。不论其想法与行

* 蔡先金，聊城大学原校长，教授。现任山东省外事办公室党组书记、主任。

动是齐庄公眼中的"螳臂当车"式的"天下勇武"，还是世人心中"全狮搏兔"般的"亦尽全力"，研究团队诸位成员都毅然决然地参与了实施西部简帛出土遗址考察计划。

2018年8月6—15日，考察团队一行11人，历时10天，纵横千万里，可以数次在烈日下徒步戈壁荒滩10余里，可以穿越墓冢地深入低矮阴森之古墓，可以爬上火焰山寻找遗址地点而消失在众人视线之外，可以自助就餐于乡间简陋之屋舍，可以会讲于长途旅行的中巴上，可以捡拾废弃的残砖碎瓦而视作珍宝，可以用手触摸遗址残壁断垣而与古人作交流状，可以围绕遗址周边作朝圣般的行走，可以在夕阳西下汽车抛锚于途中时集体战胜困难，可以在大河畔、大漠旁、大道边、戈壁中……经过这些无数的"可以"，最终圆满完成既定的田野考察目标。当考察接近尾声时，仍在旅途的队员们回顾来时路，既有考察收获的喜悦，也有人生感动的哽咽，可谓学满于路，情满于路，留下了一个个值得回忆的美好故事。全体团队成员，做事持敬，为人心诚，以高尚和智慧的力量开启了神圣的简帛学术之旅。单从"丝路—简帛"角度，通过这次实地考察，团队成员起码可以获得这样一些印象。

一、丝绸之路与简帛之路重合

如果说"丝绸"是一种物质符号的话，那么"简帛"显然就是一种知识的符号。历史上商贸大通道很多，为何唯有"丝绸之路"获此殊誉？因为丝绸之路承担的不仅仅是货物贸易，还有不同文化之间的交流与融合，可以说是前"全球化"的一种"区域化"试验场，这里包括贸易开放、资金流动、人员往来、文化整合等因素。这也可以从"丝绸之路"概念的形成过程中获得更好的理解。李希霍芬起初真正要说的是在商贸意义上的"丝绸贸易"，在《跨越中亚的古代丝绸贸易商路线》（*The Ancient Silk-Traders' Route across Central Asia*，1878）一文中就是使用"丝绸贸易路线"一说，所以，中国西北科学考察团中的早期学者，如黄文弼、陈宗器等对于这条道路的理解与称谓，最合于李希霍芬的原意，黄文弼称作"贩丝之道"，陈宗器称作"运丝大路"。今天，在用词上最微妙的改变，是去掉了"贸易"二字，固定为"丝绸之路"，具有了超越贸易活动的更加宽泛含义的可能，这更适合于对这条路的命名以及后人对这条路的理解。❶丝绸所到之处，也就是简帛所到之处。这表现在两个方面：一是简帛作为文献载体运用于丝绸之路上，二是简帛作为载体记载有关丝绸之路的内容。丝绸之路上简帛的大量出土，已经说明第一种情况的存在。其实在丝绸贸易过程中，很难说没有用贸易丝绸作为记载文字或图画内容的载体，它们或许只是湮埋在历史尘埃中而已。已发现的简帛中，记录丝绸之路相关内容的可谓比比皆是。敦煌悬泉置是连接东西方的驿站，悬泉汉简中记载了丝绸之路上东西交往的盛况，如大月氏、大宛、康居东西交往的记录，过往悬泉置的人员有西域各国使者宾客，反映出河西走廊是各民族交

---

❶ 唐晓峰. 李希霍芬的"丝绸之路"［J］. 读书，2018（3）：64-72.

流和融合的历史舞台，是波斯文化、希腊文化、北方塞人的游牧文化、本地农耕文化交流与碰撞的区域。张德芳认为，西北汉简堪称一个历史文化宝藏，为研究丝绸之路提供了生动翔实的原始资料，几乎涉及社会生活的各个方面和多个学科领域，所以"西北汉简从广义上讲都跟丝绸之路有密切关系"。❶简帛所到之处，可以说就是中华文化泽被所至，也是各民族文化交流的信物所在。探访简帛传播之路，也就是在探寻伟大的丝绸之路。

二、古建筑遗址与简帛遗场重合

汉帝国公用建筑有驿站，其邮驿系统是五里设邮，十里设亭，三十里设驿传或置；有长城关隘及障塞烽燧、粮仓，组成一个完整的军事防御体系，如新疆境内的烽火台就是最好的例证。新疆的烽燧遍布天山南北，它们与丝绸之路中道与北道走向一致，起到了护卫丝路畅通的重要作用。这些古建筑遗址中几乎都发现了简帛，无论是文书还是启蒙书籍，无论是儒家经典还是方技术数，都说明这里的人们生活在一个具有文化知识生活的世界。而甘肃境内马圈湾遗址为西汉玉门关候官治所，出土简牍1217枚；悬泉置创建约在西汉武帝元鼎年间，延续近400年，出土简牍35000枚与帛书10幅；肩水金关（A32）出土简牍11850枚；肩水候官（A33地湾）出土简牍2383枚；肩水都尉府（A35大湾）出土简牍2615枚；甲渠候

---

❶ 李婷. 秦汉历史和丝绸之路文化的资料宝库——甘肃简牍博物馆馆长张德芳谈西北汉简［N］. 文汇报，2018-06-06.

官破城子（A8）出土简牍12931枚。每一个重要的建筑遗址，都抵抗了千年的风雨侵蚀，凡是留存的遗迹都是时光雕刻出来的历史雕塑，令人肃然起敬，并产生无限的遐想。每一处遗迹，那千年以前的人们使用过的陶器碎片，都诉说着湮埋在时间深处的历史故事。近代以来的探险家、考古学家探掘过这些遗址，如英国的斯坦因、法国的伯希和、俄国的科兹洛夫、瑞典的斯文·赫定与贝格曼、日本的大谷光瑞与橘瑞超，并将西部简牍带到了世界各地，如今仍旧收藏在英国国家图书馆、法国巴黎国立图书馆、俄罗斯科学院东方研究所圣彼得堡分所图书馆、瑞典国立民族学博物馆、日本京都龙谷大学图书馆。这些古建筑遗址与简帛遗场重合，说明丝绸之路上的文化之昌盛。

三、简帛书写是文化书写

简帛书写作为一个个鲜活的文本书写，无论文本之内还是文本之外，都附有文化信息与知识，由此简帛书写亦是文化书写，承载着历史、文学、社会学、教育学、军事学、管理学等多学科内容。每一枚竹简、每一片削衣后留下的字，每一幅缣帛，都有可能书写着一个宏大叙事，一个天大秘密。悬泉置出土的《元致子方书》帛书，既是一封平常的书信，又是一个文化书写。察看其文本书写，就会发现当年佣书与自书同时存在，发现当年书信的"书仪"格式，发现信中提到人物之间的社会交往，发现当时人们的一般日常生活场景，发现当时人们信息传递的邮驿系统。悬泉置出土的《过长罗侯费用簿》，记载了元康五年（公元前61年）在接待长罗侯常惠的使团第五次过往悬泉置去乌孙国商讨和亲时，在悬泉置的过往人数和所消耗的食物数量等事宜，由此可以遥想当年常惠使团到达悬泉置的热烈场景。汉宣帝神爵二年（公元前60年）在乌垒（今新疆巴音郭楞蒙古自治州轮台县策大雅乡南）设都护府，维护西域地方的社会秩序，确保丝绸之路的畅通。西域都护府统管着大宛以东、乌孙以南的30多个国家，各国"自译长、城长、君、监、吏、大禄、百长、千长、都尉、且渠、当户、将、相至侯、王，皆佩汉印绶"（《汉书·西域传》），确认是汉的官员，万国来朝成为时尚，悬泉置始终车水马龙。由此看来，面对简帛这些文化宝藏，今人不可以用简单的一般书写眼光来看待简帛书写，这里既承载着一个民族的精神记忆，也记录了相关民族之间的文化交流与融合。

聊城大学简帛学研究中心参加考察的每位成员，在考察期间都产生了不同的感动与感悟，陷入不同的沉思与追问，但团队成员追求高尚的情怀是相同的，学术精神是相通的，感情交流是顺畅的，坚强意志是共同的，未来愿景是美好的。这次考察活动，既是简帛学研究的一次田野考察，也是团队精神的一次洗礼，更是人生境界的一次升华。人人会有选择，但选择是有标准的。研究团队成员既然选择了一条简帛学研究之路，那就像这次考察一样，迈出了坚实的一步，只要有行动，就会有故事，就会越来越接近心中的远方；纵然可能会像考察中遇到的境况那样，有戈壁荒滩，有沙漠尘暴，有崎岖小径，有艰难险阻，但是团队成员看到的是路边的风景，内心感觉到的是那份坚毅的意志与审美的感受，收获的永远是美好的回忆和付出后的喜悦。

一代人有一代人之学问，一个学术团队有一个学术团队之精神。简帛学研究团队成员充分理解"古之学者为己，今之学者为人"之警言，无论古今，在学术上力争做到先"为己"，后"为人"。倘若将学术之旅比作长征，那么这个学术团队才刚刚动身起步，这次学术田野考察，也最多只能视作简帛学研究团队成立举行的一个奠基礼。"雄关漫道真如铁，而今迈步从头越"，从头越，阳关大道，前景广阔！

河西简帛文献中的汉代边疆治理及
对丝绸之路的重视
——对西北简帛文献出土地实地考察的几点感受

苗菁*

近代以来，随着考古的深入，简帛文献的出土不断增多，逐渐形成两个重要的简帛文献出土的区域范围，一个是南方区域范围，一个是西北（主要是河西地区）区域范围。由于受到具体的出土形态不同的影响，一南一北的简帛出土文献有很大不同。从时间上看，南方出土文献的时间上限从春秋、战国直到秦汉，西北则主要是汉简。从出土形态上看，南方多从古墓中出土，而西北多从废弃的城障、关卡、烽燧等遗址中出土，墓葬中出土的则相对较少。一般而言，古墓中的出土文献，多是古人有意识埋葬的结果，所以有一定的系统性，而废弃的城障、关卡、烽燧，出土文献则往往是遗弃的结果，所以系统性不强。从出土的文体性质上看，南方多典籍

* 苗菁，原聊城大学文学院院长，教授，硕士生导师，聊城大学简帛学研究中心主任。2021年4月因病去世。

文献，西北则多文书文献。这些文书文献，大都是屯戍文档和驿传文簿，包括诏书、律令、法规、籍账、官府文书、书信及各种各样的社会文书。西北古墓中虽也出现了一些文献，如在武威汉墓中就出土了《仪礼》《医简》等典籍类书籍，但大墓少，出土文献也相对简单，所以不能成为大宗。以文书文献为主，应该是西北简帛文献的主要特点。笔者对出土文献知之甚少，2018年暑假，笔者所在的科研团队曾有10天的西北简帛文献出土地实地考察之行，所以对西北简帛文献有了一些直观的了解。返校后，团队成员再结合相关文献，对西北简帛文献的价值做了一些初步的思考和判断。根据个人的关注、兴趣，站在今天的角度，笔者认为西北简帛文献在如下几个方面的价值比较鲜明、突出。

一、丰富、细化、补充了两汉的历史

西北地区所出土的简帛文献，多是原始的文书。这些文书可能有部分属于处理完毕已归档而成为档案的文书，有部分属于还没有处理完毕并没有归档的文书，但大部分应该属于没有保存价值、需要销毁，或者已经销毁的文书。而正是这部分文书，起到了还原历史真实的作用。它们是两汉历史的微观记录，是两汉历史的最新史料，既能够和史书的记载相互印证，也能够对史书起到补充、丰富、细化的作用。自西汉武帝后期至东汉中期，先后有200年对河西的开发、管理的历史，人民生活的真实情景与场景，以及从长安或洛阳出发经过此地直至西域的交通及各国人员、物资往来等情况，等等，在这里都有所展现。汉王朝（包括新莽王朝）与西域各国的交往，在这里都或多或少得以反映。如《汉书·西域传》所载汉朝在处理与乌孙的关系上，外派忠臣长罗侯常惠，多次往返于长安与西域之间。对这一事件，早期文献中仅见于《史记》《汉书》，除此之外再无可证资料。然而就在敦煌悬泉置汉简中，有较多的关于常惠与乌孙关系的原始记录，不但证实了《汉书》记载的真实性，还补充了许多细节史料。中央王朝曾经发生过的历史事件，在这里也多有印证。如马圈湾汉简中一份追查西汉广陵王刘胥集团谋反案的协查令，所载内容与《汉书》所载事实相符，但很多情况《汉书》记载得甚简略，而这份协查令则补充了重要细节，可与《汉书·西域传》《汉书·匈奴传》《汉书·王莽传》互为印证。它不仅证实了《汉书》记载之真实，而且填补了其所载之不足。悬泉置遗址和简牍文书，使我们第一次找到了邮驿传置之机关，同时认识到了汉代邮政业的发达。更重要的是，各种文书中较多地保存着汉与西域往来之情况和从长安通往敦煌的邮路交通的具体路线及位置，而这些细微的记载是正史中难以获得的。玉门花海出土的遗诏，《汉书》中无处可查，是新发现的一份诏书，似临终遗言，内容很重要，填补了《汉书》之所缺。河西简帛文献虽不在经典、正史之列，也不是完整无缺的大部头文献，大都是散简乱册，史无所载，但它确有证史、补史、写史之功效。而这些史料都出土于各地遗址内和墓葬中，均为各种社会活动的原始记录，也是人们当时思想、行为、行动的原始凭证，涉及政府部门、军事机关；涉及全国，也涉及地方；涉及经济、生活，也涉及文化、科技；涉及汉族，也涉及各少数民族；涉及中国人，也涉及外国人。其涉及面十分广泛，不仅对研究中国秦汉史、丝路开放开发史有重大价值，而且对研究汉代边防史、军事史、法制史、对外关系史、邮政史、政治制度史和甘肃地方史都有不可忽视的价值。如能够系统地加以整理，一定会获得更多、更丰富的历史信息。

二、提供了两汉王朝治理边陲的经验

西汉武帝元狩二年（公元前121年），汉将霍去病破浑邪、掳休屠，匈奴失去祁连山，退出了河西，整个河西开始归入汉王朝版图。为了加强边疆治理，汉王朝采取的措施是不断移民，充实河西。当匈奴完全退出河西后，汉王朝更是进一步通过"通渠治田"的方式，兴修水利、开垦土地，让这里成为新移民的一个又一个的定居点。进一步，在河西这块土地上，汉王朝先后设置了酒泉、武威、张掖、敦煌四郡。又据《汉书·地理志》记载，所迁徙的民众基本分为两类，一类是家庭困难，在当地无法生活；一类是家庭中有人犯罪（主要是两种罪，一种是过当之罪，一种是悖逆之罪。如果是犯罪之人逃亡的，则其整个家庭都要迁移到河西）。而且所迁移的内地民众，主要是"关东"之民，也就是函谷关以东，即今天的河南、山东、山西、河北等地民众。正是因为这种有组织的迁移，这些边疆之地在汉代很快得到了治理。到西汉末，整个河西地区的居民已达28万之众（不包括军队），这在当时的河西地区，人口数量已达到了相当高的地步。西晋末年，中原地区发生了大的动乱，这里反倒成了一个富庶、安定和保存中原文化的重要地区。

需注意的是，当时守卫边陲的士卒，也主要来自这些地区。据汉简所提供的信息，肩水、居延两都尉府辖区的士卒大约来自当时全国的24个郡、130个县，其中魏郡、南阳、济阴、汝南、河南、河东、河内、颍川、淮阳等郡人数最多。在具体的地区，各郡士兵布防情况也各有侧重。如居延都尉府的士卒主要来自弘农、河东、河内、河南、上党、东郡、陈留、颍川、南阳、济阴、魏郡、梁国、昌邑国及淮阳等地，而肩水都尉府的士卒则主要来自河东、河南、汝南、济阴、汉中、大河、淮阳及张掖。自古以来，中国是一个十分重视乡情的社会。汉王朝在河西地区迁移的民众主要来自关东，在很大程度上也可能考虑到守卫边陲的士卒是来自这些地区这一因素。将定居在边陲的居民和守卫边陲的士卒的来源都划定在大致相同的地区，就在整个河西地区形成一个充满乡情的社会。通过这样的方式，使从中原内地来的这些人，不论是士卒还是定居者，到了远离家乡的、陌生的边陲，都会形成一种天然的亲近感，让他们不会产生身在异乡为异客的疏离感和恐惧感。从心理角度看，这对于安定边陲无疑起到了十分重要的作用。

这种体制，实际上是军民一体的体制。戍边者，必须有居民依托，而这些居民，都必须是对中央王朝有向心力的民众，所以基本成员应该都来自内地。由此，就产生了一种分工的体制，即一般民众屯田，发展经济，保障供给；士兵则担负起固疆守土，使河西安定、使交通畅通的职责。

当然，从汉简中可知，这些来自全国各地的戍边士卒，往往都是可以举家迁移的，可以印证汉王朝是采取了既耕既守、守耕结合的方式。很多汉简都说明了一个问题，即这些戍边的士卒与官员都可以在当地拥有土地和住宅，这些土地和住宅，因为能够买卖，其性质明显是私产。有的士卒或官员，拥有的田产和住宅数量是惊人的，他们的家庭中甚至拥有奴婢，有的拥有的奴婢数量还很庞大。有的汉简还记载，守边士卒与官员的家庭，其家属都由国家供应粮食，可见这些家属类似于今天的随军家属。但是，除国家必要的供应外，还允许他们从事土地的经营，并拥有房屋等私产。这种方式，某种程度上缓解了国家的供应压力，也对士卒与官员安心守边有一定的促进作用。

正因为汉人在河西四郡中占据了多数，并且对其他民族没有歧视，所以即使有不少的其他民族与汉人杂处，各族也能和睦相处。汉简中很少看到河西四郡统治的范围内有民族纠纷的记载，反倒有多条相互交流的记载。比如汉简中有一条"降归义乌孙女复群献驴一匹"的记载，说的就是当地的其他民族向守边的官兵馈赠礼物的事情。这条记载反映了当时汉王朝管理河西四郡达到鼎盛时期，各族民众和守边士兵曾经有过"军民团结"的盛况。

因为河西四郡的居民主要是由内地迁移到这里的，所以，在行政管理上，完全按中原地区郡、县、乡、里的区划机构进行设置，一切风俗习惯、丧葬婚俗、思维观念，当然都和内地别无二致。在这里的墓葬中，会发现讲规矩、仪式的《仪礼》；会发现要求尊重老人的诏令《王杖诏书令》；会发现如何治病的《医简》《医方》；会发现各种出行做事是否有禁忌的、记录时间的《日书》《日历》《历谱》；也会有教材、文化课本和典籍，如《仓颉篇》《急就章》《易经》《论语》《九九术》《算术》之类。

当农业发展到一定程度，再加上政策的变化，自然会在这些地区形成商品交易的市场。这一方面是为了满足当地居民生活之需，另一方面则是为了满足当时戍守边关的将士的生活之需。所以从出土的汉简来看，很多文书实际上是那些驻守边关机构一次次从市场上采购生活必需品的清单。所采购的首先是满足一日三餐之需的物资，如粮食（谷、麦、粟、粱粟、黍粟、大麦、粟米）、肉（包括肉、脂）、调味品（包括曲可能是酒曲、豉）、蔬菜（葱、韭、大薯种、成芥种、毋菁即芜菁）；其次是布帛、衣物；再次是车、马、牛；当然，还有房产、土地及奴婢等。因为长期屯田，粮食和肉食当地就可以满足需要，所以价格相对便宜；而丝织品、衣物，因多是来自内地，路途遥远，所以价格就比较高昂。汉简中还有境外胡人购物的记录，说明这些市场可能还承担着部分对外贸易，或者说，这些靠近边陲所开设的市场，某种意义上还起到如今天的通商口岸的作用。

三、反映了两汉王朝对丝绸之路的重视

河西地区是两汉时期著名的丝绸之路必须经过的路段。从张骞通西域的"凿空"之旅开始，它越发重要，成为从两汉王朝腹心地带到西域，乃至更远地区的必经之地。正因如此，汉王朝的统治者

都在极力维护这条道路。《汉书·西域传》中就有西域各国多"遣使来贡献"，于是"自敦煌西至盐泽，往往起亭，而轮台、渠犁皆有田卒数百人，置使者校尉领护，以给使外国者"的记载。也就是说，两汉王朝对这条道路高度重视，进入河西地区之后，因为地广人稀，沙漠、戈壁遍布，条件艰苦，所以沿途都会有专门的保证道路畅通及出行者衣食住行之需的相关机构。

同时，在靠近边境的地方，汉王朝继承秦修长城的办法，更广筑长城，西达西域，北至居延，在茫茫沙漠戈壁中形成一道耗费了巨大人力、物力的人工屏障。这些人工屏障的沿线遍布着座座哨所、烽燧，有着严密的报警、通信系统，更有着处心积虑、精心设计的防务管理。这道屏障，将两汉王朝的统治与域外分割开来，使当时的人们有了国境外与国境内的心理区隔，而遍布长城沿线的烽燧及其报警制度（《塞上烽火品约》），也使人们有了国防及国防安全的意识。对于一个有着明显疆域意识的民族来说，这道人工屏障是国家安全的极大保障。

正是在疆域意识的支配下，中央王朝对于在丝绸之路上来往的人们就会有出关和入关的严格管理。或者说，丝绸之路并不是一条毫无阻隔、可以自由畅行的道路，在出入国境的地方，都会有严格的出入关门（国门）的管理制度。出入关门必须有符和过所。符，即凭证、信物也。过所，即通行证之类的有效证件，有"过所""传"等名目。"过所"不仅是通行凭证，还有类似今天介绍信、公函的意味，其中必须说明出行目的、目的地、时间、出行人员及其随行物资与器物，以及同意机关的负责人；并且，还要记录其通过关门的具体时间。

出入关门不仅有这种通行证之类的凭据，在相关的关门那里，还必须有相应的出关入关的记录。这些记录和通行证相互印证，说明了在某一具体的时间段中，从此关门出入的人们的具体情形。这又分为两种情况，一种是不留存通行证的，这种记录就写得比较详细；一种是要留存通行证的，这种记录就写得比较简单，有时就简单为这样一句话："出入关人、畜、车、兵、器物，如关书。"也就是说，对于出入关的说明，通行证上已写得相当详细，记录就可以省略了。

在关门这里，人员并不能自由随意地出入，就是物资也不能自由地出入。在和关外部族、国家关系紧张的时期，在国内经济相对困难的时期，对物资，尤其是影响国计民生及可能用于军事的物资，出入的查禁更是严格。所以在汉简中，就经常会有"禁，毋出兵、谷、马、牛、羊"的文字。这类文字实际上应是上级下发的通知，提醒具体的管理单位，要注意查禁违规出关的走私物资。汉简中还经常会有"闻羌人买谷民间，持出塞甚众"的文字，这类文字应该是具体管理机关向上级的情况汇报，是要告诉上级主管部门，最近出入关的人员或物资出现了哪些新的情况和变化。

对丝绸之路，既要保证道路的畅通，还要保证邮路的畅通，所以，两汉时期的中央王朝主要针对丝绸之路沿途设计了接待、提供交通运输、邮政合为一体的管理机构。这在汉代典籍中就有记载，《风俗通》曰："汉家因秦，大率十里一亭。亭，留也。盖行旅宿食之馆也。""汉改邮为置，置者，度其远近置之也。"《后汉书·西域传》曰："立屯田于膏腴之野，列邮置于要害之路。驰命走驿，不绝于时月；商胡贩客，日款于塞下。其后甘英抵条支而历安息，临西海以望大秦，拒玉门、阳关者四万余里，靡不周尽焉。"这种机构设置，从今天的角度看，既是兵站、招待所，又是邮政所、通信局，将其合为一，无论道路或邮路，都能保证其畅通，还能提高效率、节约管理成本，确实是一种较好的设计。

敦煌的悬泉置遗址就给我们提供了这种道路与邮路管理合二为一的很好样本。从悬泉置遗址出土的汉简可知，走在丝绸之路上的西域古国数量众多，有婼羌、楼兰、且末、小宛、精绝、渠勒、于阗、莎车、疏勒、温宿、姑墨、龟兹、乌垒、渠犁、尉犁、焉耆、危须、狐胡、车师、卑陆、乌孙、皮山、蒲犁、大宛、大月氏、康居等。在招待他们时，根据人员地位的高低都有相应的标准，尤其对"公主""将军""贵人"等上层人物，这种招待更是竭尽全力。从悬泉置遗址出土的汉简也可知道，丝绸之路上的邮路不是一般意义上的民邮，更多的是官邮及军邮。在这个以竹木为载体的时代，单就书信来往而言，就有很多的分类，如觚（多棱面的木棍，传递紧急文书，这类文书往往都比较短小，大致相当于后世的电报）、牍（有宽度的木片，实际上主要是写具体内容的文书或信函，是书信的主要载体）、检（信封，与封泥连接）、缄（信封，无封泥）。这些分类或设计，实质上都是为了使邮递规范化。

考察缘起与心得

赵海丽　杜季芳*

　　20世纪是唤醒历史的时代，大量简牍文献相继问世，等于重建了一座历史新文库，并产生了一门国际性的显学——简帛学（简牍学）。甘肃简帛正是这座历史新文库中的主体典藏，在简帛学史上占有举足轻重的地位。据目前发现的资料看，甘肃简帛总数约6万枚，时代上起战国、下至西夏，有秦、汉、晋、唐、西夏5个时代的文献；文字有汉、佉卢、吐蕃、回纥、西夏5种；内容有古书、公文、社会、文书、经卷、书信等。甘肃简帛数量多，保存好，时代长，史料新，内容繁多，出土地明确，构成了独特的研究体系。❶甘肃简帛为正在形成的中国简帛学奠定了雄厚的基础，更为丝绸

* 赵海丽，聊城大学文学院客座教授，硕士生导师，聊城大学简帛学研究中心成员。现为山东交通学院国际教育学院教授。
杜季芳，聊城大学文学院副教授，硕士生导师，聊城大学简帛学研究中心成员。

❶ 何双全. 简牍·前言［M］. 兰州：敦煌文艺出版社，2004：3.

之路史的研究开创了新局面和新领域，是全世界学术界所瞩目的新学问。正如李学勤先生所言："甘肃考古发现影响深远，自然不限于简牍、文书两项。我们在这里不妨说，中国历史文化早期的一系列核心疑问和谜团，恐怕都不得不求解于甘肃。"❶河西走廊在人类文明史上的重要地位自不待言，在我们每一个人的内心里，对于这一片古老而神奇的土地，想必也都怀有一份深深的向往之情。

聊城大学简帛学研究中心（以下简称"简帛学研究中心"）有研究人员14人，目前，主要围绕蔡先金教授主持的"中华简帛文学文献集成及综合研究"开展系列研究工作。为了使团队成员开拓学术研究的视野，增强对简帛发现的现场感，引领大家学习和运用人类学田野调查的方法，以便更好更快地成长，蔡校长与苗院长多次商议、策划，决定利用暑假组织一次简帛出土遗址实地考察活动，让大家亲临简帛出土遗址，以更加直观、真切地了解和体验简帛内容的性质及其形成过程。

2018年8月1日（周三）19：00—20：30，在聊城大学东校区高教研究院二层会议室召开简帛学研究中心"河西走廊简帛出土遗址考察"准备会议。参加人员有：

蔡先金　聊城大学原校长、教授　简帛学研究中心首席专家
苗 菁　原聊城大学文学院院长、教授　简帛学研究中心主任
刘 雯　济南大学文学院副教授

---

❶ 何双全. 简牍·总序［M］. 兰州：敦煌文艺出版社，2004：1.

宁登国	聊城大学文学院教授	简帛学研究中心副主任
		（现为简帛学研究中心主任）
赵海丽	聊城大学文学院教授	简帛学研究中心成员
戴永新	聊城大学文学院教授	简帛学研究中心成员
赵立伟	聊城大学文学院教授	简帛学研究中心成员
巩聿信	聊城大学文学院副教授	简帛学研究中心成员
李如冰	聊城大学文学院副教授	简帛学研究中心成员
杜季芳	聊城大学文学院副教授	简帛学研究中心成员
汪梅枝	聊城大学文学院副教授	简帛学研究中心成员

蔡校长从团队精神、考察活动的定位及要求、简帛学研究中心未来的发展规划等几个方面作了指示，肯定了团队成员为考察活动所做的积极准备以及良好的精神状态，认为这是一个良好的开局。对于团队的定位，蔡校长特别强调："黑格尔说，'人既然是精神，则他必须而且应该自视为配得上最高尚的东西'，这句话应该成为我们团队的座右铭。用什么来支撑我们的团队？是纯净的学术精神，是内圣外王的高尚境界。学术是一个团队最为核心的东西，团队中的每一个人都要长期熏修学术精神，不断打造自己，提高自己。团队要具有一种学术传教士那样的精神，有学术宗教般的情怀，要做一个脱俗的团队。当精神纯真到专业性的时候，人就不会为小事计较；当为学术问题讨论得面红耳赤的时候，就不会产生任何矛盾、任何杂质，相反，友谊会更为纯真，更为淳厚。一个学术知识分子不脱俗，这个世界谁还会脱俗？一个学术知识分子不能

为学术而奋斗，这个世界谁还会努力？一个人的价值只有在团体中才能体现，一个人的幸福只有归属于团队才能实现。每一位同志都要以学术为支撑，以学术为生命，要长期坚守。同时，更要开放、包容、合作，小事不计较，大事不糊涂。做到这一点，团队就不会散。若干年后，回忆起来，要感谢这个团队，感谢她让自己脱俗，感谢她让自己高尚。当一个团队被世俗之利益所纠缠的时候，也就到了解体的时候。学术精神坍塌了，整个团队就三心二意了，就昙花一现。我衷心希望退休以后，这个团队仍然存留下去，即使调走了，这个团队仍能延续下去。"

针对这次考察活动，蔡校长又进一步提出要求："每个成员都要从学术史的高度来看待这次学习考察活动，要上心，要用心。要闭眼体验河西走廊是什么，要从人类文明传播的高度去认识它，看它在中外文明交流传播中所起的作用。学术研究最难的是方法创新，建议大家借鉴人类学田野调查的方法，要了解、熟悉并熟练运用。研究学术，心要正，每一个人心都要正。当真正进入学术状态的时候，就不会在乎外在环境，抱怨周围环境。考察团和旅游团之间要严格区别。这次考察要严格执行国家规定，所有游览景点都不能去；不允许任何人发非学术内容的照片；考察期间所有个人产生的费用要由个人承担；谁出问题，谁负责任。每一次考察完后要停下来，开主题讨论会，谈感想，作总结，如肩水金关讨论会、悬泉置讨论会等。"

蔡校长的讲话又一次为团队注入了强大的灵魂力量，使大家更加明确了本次考察的目的、要求、意义以及努力的方向，同时也增强了使命感、神圣感和敬畏感。德国有句谚语："一个人的努力是加法，一个团队的努力是乘法。"大家都满怀信心，期待着这一天的到来，更期待着满载而归！

赵立伟老师凭着多年来丰厚的专业积累为团队精心定制了一套考察方案，细密而又丰富，几乎囊括了河西走廊的所有简牍出土遗址以及所经城市的博物馆。宁登国老师根据考察方案和行程，给团队每一位成员安排了任务——"我来当导游"，结合个人实际情况，每人分得一个或两个考察目标，然后围绕该目标做功课，在实地考察时负责向大家讲解。这种方式别具一格，也颇有意义，大家也都充满了热情，倍加珍惜这次难得的机会，都在紧锣密鼓地积极准备着。希望通过这次考察，触摸尘封千年的简帛遗迹，使内心深处沉睡的历史"活"起来。

2018年8月6日，酷暑的天气特别闷热，扑面而来的热浪阻挡不了团队前进的脚步。凌晨3：00，大地还在沉睡，团队一行11人怀着感动，带着使命，向梦想出发了！6—15日，10天的时间里，跋涉于戈壁荒滩，踏过了古城关塞，与悠远绵长的河西走廊来了一次亲密接触。除了个别情况的时间调整，每一天的行程基本都是按考察计划进行的。10天的行走，共探访简帛考古发现遗址近20处，山水沟大墩烽燧、阳关、玉门关、汉长城及烽燧、昌安仓、马圈湾、西晋墓、悬泉置、破城子、锁阳城、嘉峪关、地湾、大湾、肩水金关、内蒙古境内黑水城、甲渠候官……这些遗址或居于茫茫大漠，或隐于戈壁怀抱，有的没有道路，也没有标识，往往需要长途跋涉、几经周折才能寻到目标。河西走廊这片古老而又神奇的土地上留下了团队成员来回寻觅的身影，苍茫寂寥的戈壁滩上印下了大家坚实的足迹。此外，还参观了莫高窟、榆林窟、敦煌书画院、敦煌博物馆、红西路军安西战役纪念馆、额济纳博物馆、武威文庙及中国印刷博物馆武威分馆、武威西夏博物馆、甘肃省博物馆、甘肃简牍博物馆等，开主题讨论会三次，不仅圆满完成了考察计划中的所有目标，而且见缝插针，取得了不少意外收获。10天来，我们昼夜兼程，披星戴月，不仅学习到了书本上难以学到的许多知识，更是收获了一路的美好与快乐，惊喜与欢笑，还有那不期而遇而又让人心生感动的善缘！

这一路，我们触摸到了尘封千年的简帛遗迹，邂逅了残阳夕照的塞外黄昏、突然袭来的沙尘暴、午后天边的美丽彩虹、上天馈赠的秋日喜雨、雨后洪波涌起的弱水水面、鸣沙山上的旭日初升、丹霞地貌的七彩斑斓、美轮美奂的窟中壁画……

这一路，我们看到了团队精诚团结的精神、锐意进取的态度、热情洋溢的风貌……这一路，有好多好多故事，充满了喜悦和美好，每一个人都收获满满，值得我们用心记录，终生珍惜！

悲欢聚散一杯酒，东西南北万里程

——阳关考察纪实

戴永新*

　　每每在课堂上讲到王维的《渭城曲》"劝君更尽一杯酒，西出阳关无故人"，对千古盛传的阳关就心驰神往。没想到这次河西走廊考察的第一站就是阳关，激动的心情可想而知。临行前我查阅了大量的资料，了解阳关设置的来龙去脉，因此一路行来，感觉既陌生又熟悉。

　　2018年8月7日早晨8点，河西走廊简帛出土遗址考察团队驱车从敦煌赶往阳关。我们跟随着导航的指引，在茫茫戈壁沙漠上行进。满眼望去，道路近处，零星的灌木挣扎着在沙漠中生长，更远处则是空无一物的戈壁苍茫。从敦煌到阳关，导航的距离是近70公里，一个半小时的车程里，我给大家揭开了河西走廊简帛出土遗址考察的第一站——阳关的神秘面纱。

　　公元前138年，为了联合大月氏打击匈奴，汉武帝派张骞出使西

＊ 戴永新，聊城大学文学院教授，硕士生导师，聊城大学简帛学研究中心成员。

域，开启了不同文明交汇的道路——河西走廊。元狩二年（公元前
121年），汉王朝设置酒泉郡、武威郡，10年之后又设张掖郡、敦煌
郡。为了巩固边塞，汉王朝先后设立了玉门关和阳关，且皆设有都尉
治所，它们一北一南，形成犄角之势，控扼丝绸之路敦煌以西分岔的
两条要道，阳关也就成为中国通向西域、中亚的西大门之一。

　关于阳关名字的最早记载，一度认为出自班固《汉书·西域
传》的"有阳关、玉门关，皆都尉治"❶，但是1979年马圈湾汉代
烽燧遗址（D21）发掘出的有关汉代简牍中有两件写有"阳关"，
由于这批竹简被认定为西汉末期和新莽时期，早于东汉班固写《汉
书》的时期，这样就把"阳关"二字的史载，往前推进了几十年。
作为汉代西北边陲长城防线上著名关隘的阳关，不仅经历过血雨腥
风，也静观过商旅的来来往往。据说阳关遗址周围的古董滩上存有
很多铜箭头、刀、古钱、琥珀之类的残片，就是最好的佐证。这
次走进阳关，或许我们有幸漫步古董滩，捡拾到产自西域的无色料
珠、汉代的五铢钱、黑色的阳关砖，真正走进汉代的历史。

　汽车在空无一人的道路上行驶着，突然有人高喊："看！那是
什么？"大家放眼南望，由于距离太远，只能看到断断续续、高高
低低的隆起。"是长城！"有人惊喜地喊道。汽车前行不久，路旁
竖起的"长城保护区"的大牌子证实了我们的猜想。虽然来时我们
已经做了足够的功课，了解到汉武帝时期为了抵御匈奴的进犯，在
河西走廊上修建了长达1000多公里的长城，但当真正目睹汉代长

---

❶　（汉）班固. 汉书·地理志［M］. 北京：中华书局，1962：1614.

城，即便是模模糊糊，仍让我们激动万分，我们恍惚回到了大汉王朝。由于汽车行进，若隐若现的长城很快就消失在我们视野。转眼一瞬间，我们走过了千年的时光。

当我们在历史和现实中穿梭时，前方不远处矗立着一座高大土堆，大家兴奋起来，以为阳关到了。当停车走近仔细观看时，发现此乃一座烽燧，是汉代修建，唐代、清代一直沿用的山水沟大墩烽燧遗址。

烽燧，即"烽火"，是古代边防报警的信号，白天放烟叫"烽"，夜间举火叫"燧"。早期的烽燧用澄泥块夹芦苇、红柳枝筑成，顶部用土坯砌筑。此烽燧基础东西长11.5米，南北宽11.3米，残高6.8米。原来烽燧东侧18米处还有房屋建筑，周围分布有圆形积薪4座，东侧14米处有3座，西北8米处有1座，直径2.5—3米、残高0.6—0.8米，但是这些遗迹现在已经荡然无存，只留下一座孤零零的烽燧。据《敦煌县志》记载，此烽燧"为沙洲营属西路汛卡之一"。因此，此烽燧对研究丝绸之路南道边塞军事防御、历史沿革、烽燧建筑形制演变及分布建置具有一定参考价值。但烽燧遗址处仅仅拉起了铁丝网，我们没有看到其他的保护措施。仁立旷野的汉代烽燧，可能会在不久的将来，被风沙淹没，后世的人们只能遗憾地在图片里目睹她昔日的雄伟了。

离开山水沟大墩烽燧没有多久，阳关博物馆就到了。这是一座占地10万平方米的遗址博物馆，博物馆整体呈现仿汉风格，古朴典雅。

一踏进博物馆门楼，一个手挥旄节、立马而战的铜像矗立在面前。不用近看便知，这就是两次出使西域、打开丝绸之路大门、睁眼看世界的第一人——张骞。就是这个人，在飞沙走石、人烟稀少的大戈壁滩上，风餐露宿，备尝艰辛，历经十三年，足迹遍布匈奴、大宛、康居、大夏、大月氏等国，将中原文明传播到那里，又把西域诸国的汗血马、葡萄、苜蓿、石榴、胡麻等物种引进中原。正因他的"为人强力，宽大信人"❶，不畏艰难困苦，忍辱负重，"凿空"西域，开启了丝绸之路的大门，汉及以后的王朝才能够沟通西域，使经济文化不断交流融合，给中华文明增添了新的色彩。

阳关博物馆由内外两部分构成。内馆包括两关汉塞厅、丝绸之路厅、汉阙牌楼、阳关都尉府、仿建阳关关城、仿汉兵营、仿古民居一条街。藏品分列于两关汉塞厅和丝绸之路厅，包括青铜器、铁器、陶器、玉器、石器、骨器、毛麻丝织品等器具。外面是阳关遗址古董滩的区域。

两关汉塞厅，设有河西长城守御体系展区，展示墙上挂有西汉敦煌郡示意图、酒泉至敦煌长城走向图、敦煌至盐泽障塞亭燧走向图。这些资料使我们对于汉代河西走廊的布局，以及河西长城的长度和位置有了更清楚的了解。

长城沿河西走廊延伸到新疆罗布泊一带，形成长达1600余公里的防线，有效地保卫了西部疆域的安全。为了让参观者清楚地了解汉长城的构造，博物馆内还有关于汉塞墙的断面，清晰地显示出墙体是由黄土夯实版筑而成，墙内还有夹层，大概每隔十几厘米就夹有一层芦苇，这样处理，既防止地下碱水渗入城墙，又可使上下连

---

❶ （汉）司马迁. 史记·大宛列传［M］. 北京：中华书局，1959：3157.

成一体。汉塞墙虽经长期剥蚀，看起来仍坚硬如石。更让人叹为观止的是，城墙中的芦苇，虽历经千余年，看起来和现今的芦苇并无两样。

河西汉塞，壁垒森严，从河西走廊留存下的汉代烽燧遗址就可以窥见一斑。展示墙上有白山烽燧遗址、大墩烽燧遗址、山阙烽燧遗址、黄鸭洞烽燧遗址、南墩烽燧遗址、红泉坝烽燧遗址、西土沟西烽燧遗址、青山梁烽燧遗址、阳关烽燧遗址、头墩烽燧遗址、二墩烽燧遗址、芦草井子烽燧遗址、多坝沟东2烽燧遗址、海子湾西烽燧遗址、海子湾东1烽燧遗址、崔木土沟西烽燧遗址、崔木土沟东烽燧遗址17处的图片。从展示的众多烽燧遗址的图片可以想见：绵延千里的长城把这些烽燧连在一起，在外族来犯时，将士们登上烽燧，白天点燃狼粪，狼烟滚滚，夜晚点燃火炬，火焰冲天，消息很快传递出去，从而让军队做好御敌的准备。

烽火，是古代传递军事信息最快、最有效的方法，而"烽火狼烟"也成为古代战争的代名词。汉代烽火台的结构也极具匠心。展厅内甲渠候官模型中便设有烽火台，其结构让人一目了然。另外，展柜里还展出了用于燃烧的"苣"，这是用芦苇秆扎成的，短的只有几厘米，长的近两米，分别称为小苣、大苣。这些模型和实物的展示，让我们对于古代军事防御有了更直观的认识。

玻璃展柜里还有一些汉代木简，如敦煌悬泉置出土的马出入关制籍、武威至酒泉驿置道里簿、常惠使乌孙过敦煌界中费册；居延甲渠候官出土的长安至河西驿置道里簿；还有出入符、西域戊己校尉奏稿、居延都尉吏奉例、塞上烽火品约、敦煌烽火品约、居延甲渠候官补牒书等，从这些汉简的名称可以看出汉代河西走廊关口的戒备森严。

古代战争，离不开战马。由于汉王朝西北地区主要受到游牧民族的侵扰，在和匈奴等游牧民族的对战中，能拥有品种优良的战马，是取得战争胜利的一个很重要的因素。因此，品种优良的马，在汉朝被称为"天马"。

《史记·大宛列传》中记载了汉武帝两次得到天马："初，天子发书《易》，云'神马当从西北来'。得乌孙马好，名曰'天马'。及得大宛汗血马，益壮，更名乌孙马曰'西极'，名大宛马曰'天马'云。"❶

古阳关附近以东的南湖公社，曾有四股清泉涌出，汉武帝时叫渥洼池。《汉书·武帝纪》记载："秋，马生渥洼水中。"❷据李斐注所言，有一个遭受刑罚的暴利长在水边多次见到有群野马来此饮水，其中有的马和平常所见不同，十分奇特。为了接近它们，暴利长就做了个泥人，手持勒鞲站在水边，马群每天喝水都能看到此泥人，久而久之习以为常。后来暴利长自己代替泥人手持勒鞲，伺机俘获了野马。为了神化此马，他便说是从水中跃出，并献给了汉武帝。汉武帝十分迷信，又见此马果然雄壮，信以为真，称为天马，暴利长被赦免，迎为上客。阳关博物馆橱窗里就展出了暴利长献马的场景。

馆内还展出了西北出土的文物图片，包括甘肃金塔县出土的铜

---

❶ （汉）司马迁. 史记·大宛列传［M］. 北京：中华书局，1959：3170.
❷ （汉）班固. 汉书·武帝纪［M］. 北京：中华书局，1962：184.

马、武威磨嘴子出土的木马、甘肃瓜州出土的唐代三彩黑釉马、陕西宋素墓出土的唐代陶马，以及武威市雷台汉墓出土的铜马——马踏飞燕。可惜这里只有马踏飞燕图片，没有看到实物展示，留有很大遗憾，不过作为中国旅游标志的马踏飞燕（"马超龙雀"），现保存在甘肃省博物馆，那是我们考察的最后一站，到时可以一睹它的真容。

阳关博物馆的另外一个内馆，是丝绸之路厅，主要展示了丝绸之路的历史和文化，包括丝绸之路的形成背景、开发过程、文化内涵，以及在经济社会发展中所起到的作用和历史地位等。

古丝绸之路示意图，把一条从长安西去、跨过陇原大地、不断向西伸展、经过帕米尔高原、直抵地中海岸的丝绸之路的全貌展现在人们面前。从示意图上可以看出，汉代到西域必经敦煌，有南北两条大道：南道由阳关西出，沿昆仑山北坡西行，直抵大秦；北道自玉门关西出，沿天山南麓，越过葱岭北部，抵奄蔡再往大秦。示意图清晰地描画出敦煌处于河西走廊西端中西要道的咽喉位置。

在丝绸之路上，汉王朝设置了专门机构接待过往人员。悬泉置就是汉代东西交通路线上规格最高的接待机构。为了完成迎来送往的任务，悬泉置配备10辆左右的传车、40匹传马，以及各类工作人员，如戍卒、官徒、邮人、御等。博物馆里也展示了悬泉置遗址复原图。通过敦煌悬泉置遗址出土的常惠使乌孙过敦煌界中费册及武威至酒泉驿置道里簿、居延甲渠候官出土的长安至河西驿置道里簿的展示，表明了丝绸之路的畅通和繁忙。从敦煌莫高窟壁画图片上河西地区的主要交通工具——骆驼车、牛车、马车，还有鹿、羊车来看，出行的方便是丝路畅通的重要保障。

馆内展出的汉代画像砖，为我们还原了河西地区日常生活场景：杀猪、宰羊、宰牛、煲鸡、揉面、烧火做饭、宴饮，牧羊、牧牛、牧马、养鸡、养狗、养猪，蚕桑、牛耕、射猎，生活丰富多彩。

丝绸之路是中原和西方各国物种文明相互交流的通道。伴随着丝绸之路贸易的繁荣，中西方之间的植物种子得到了广泛交流。馆内展出了西域传入中原的苜蓿、葡萄、蚕豆、核桃、胡萝卜、杏、亚麻、桃、黄瓜、胡椒的标本，除此之外还有石榴、芫荽、西瓜、大蒜、棉花等陆续传入中原，极大地促进和丰富了古代中国的物种文明。

丝绸之路还是中西文化交流的通道。公元1世纪中叶，佛教在塔里木盆地流传，并经丝绸之路东传至敦煌。丝绸之路沿线佛教分布图以及甘肃境内的石窟寺，让我们清晰地看到佛教东渐的情况。立佛、坐佛、敦煌莫高窟出土的汉文佛经、藏文《无量寿宗要经》、粟特文《善恶因果经》、西夏文图文对照本的《观音经》，这些实物的展示，让我们看到了佛教昔日的兴盛。从吐鲁番出土的晋时期的《三国志》写本残片、唐代《论语》郑氏注的残片，新疆且末县出土的元代《西厢记》抄本残片，新疆乌鲁木齐出土的木围棋盘、木质五弦琴、琴几等图片，可以看到中原文化的传播。

阳关博物馆的参观，追想着河西地区曾经的喧嚣和生机，让我们感受到了古代的文明和独特的民族风情。

博物馆外馆，是阳关遗址的大致区域，俗称古董滩。但骄阳下漫步古董滩的我们，无缘遇见古代的遗珠。昔日丝绸之路南路上的军事重镇，也被流沙代代侵袭，最终掩埋于黄土红尘中。而今苍茫的沙漠上，只有静立千年、面对日落与晨曦的烽燧，才会引起人们的遐思，想到昔日的阳关。

阳关作为汉代的天下雄关，在唐代已退出历史舞台，但阳关，却在古人诗行里生根发芽："绝域阳关道，胡沙与塞尘"（唐·刘长卿《送刘司直赴安西》）"边愁离上国，春梦失阳关"（唐·沈佺期《春闺》）。在诗中，阳关成为迁远难通、空旷寂寥的意象，也成为历史人物的情感寄托。而今我们重走阳关路，翻检阳关的历史，品味到了独特的古代文明和多彩的民俗风情，对勇敢和智慧的古人油然而生敬意。

走出阳关遗址博物馆，回望戈壁茫茫，远处干枯的胡杨映入眼帘。千年的历史虽然被流沙所淹没，但历经千年依然高高矗立的烽燧和虽死千年依然挺拔的胡杨，让我们看到了坚守的力量和亘古不变的历史画卷！

追寻大汉边关的历史印记

——玉门关、汉长城等遗址考察纪实

杜季芳*

2018年8月7日，是我们团队考察活动的第二天。人在旅途中，适逢立秋日。天气格外晴朗，天空湛蓝而澄澈。上午，团队一行探访了阳关故址，收获满满，结束时已经12：30。按照计划，下午的考察目标是玉门关遗址、汉长城遗址、河仓城遗址和马圈湾烽燧遗址。吴龙导游带领大家在附近一家农家餐馆简单用了午餐，14：30正式向玉门关遗址出发。

一、走近玉门关

说起玉门关，我对它的最初印象还停留在唐诗里。王之涣那首脍炙人口的《凉州词》让玉门关家喻户晓，诗中所描绘的悠远、苍

---

* 杜季芳，聊城大学文学院副教授，硕士生导师，聊城大学简帛学研究中心成员。

凉让我多年来对它一直怀有一种特别的神秘感，其中的"春风不度玉门关"更是千古名句，承载了一代又一代人的向往，也曾无数次引发我对这一古老关塞的遐想。今天，终于能夙愿得偿，内心是异常激动和兴奋的。

从地图上看，阳关、玉门关和敦煌形成一个"铁三角"，出敦煌向西南行约70公里可到阳关，向西北行90公里可达玉门关，从阳关到玉门关五六十公里。路上，宁老师安排我向大家介绍玉门关的有关情况，我按照已准备的材料，从玉门关的设置及功能意义、名称的由来、历史变迁、唐诗中的玉门关及玉门关遗址汉简出土概况等方面作了汇报。就这样，在40分钟的短暂车程中，我们一起了解了文献记载中的玉门关，又一次把我的思绪带回到了两千多年前的河西走廊。

时光回溯，穿越历史。两千多年前，天山一带是匈奴人的天然牧场，强悍的匈奴民族不仅侵占了整个河西地区，而且以河西为基地，屡屡侵犯汉境。据《汉书·晁错传》记载："汉兴以来，胡虏数入边地，小入则小利，大入则大利。高后时再入陇西，攻城屠邑，驱略畜产。其后复入陇西，杀吏卒，大寇盗……自高后以来，陇西三困于匈奴矣，民气破伤，亡有胜意。"❶可见，匈奴对汉王朝的骚扰和威胁由来已久，给北方民众的生活、生产带来了深重的灾难。西汉初期的几位帝王，因国力尚不强，只能对匈奴采取"和亲"政策，并每年赠送大量的帛、衣、酒等物品，希图以此换取暂时的安宁。然而，这些还是满足不了匈奴贵族的胃口，他们仍然不断进击西汉边境，抢掠烧

---

❶ （汉）班固. 汉书·晁错传［M］. 北京：中华书局，1962：2278.

杀，严重威胁着西汉王朝的安全。汉武帝即位后，随着国力的不断壮大，他再也不能忍受这种侵扰，于是厉兵秣马，开始对匈奴发动大规模的军事反击。经过卫青、霍去病的多次征讨，匈奴被迫退出河西地区，迁移到漠北草原上。至此，危害汉朝百余年的匈奴边患才基本得到解决。为了巩固边疆，加强统治，汉武帝在征服匈奴、收复河西后所做的第一件大事就是"列四郡，据两关"（《汉书》），"四郡"为酒泉、武威、张掖、敦煌，"两关"即阳关和玉门关。这样，将整个河西地区纳入西汉王朝的版图，这也是我国历史上最早的一次"西部大开发"。此后，连接东西方文明的丝绸之路正式畅通。这条繁忙而辉煌的交通大道，在敦煌分道南北两路，一路出阳关，走昆仑山北麓，一路出玉门关，走天山南麓，然后经西域，最远延伸至今天的西亚、欧洲和北非地区。阳关和玉门关就像两扇大门，扼守着丝绸之路的南北要道。

作为河西走廊尽头的一个重要关隘，玉门关的关卡作用自不待言，它既是西北边陲最前沿的哨堡，是防卫匈奴侵略的第一线，又是商旅和货物往来的贸易集散地，是汉朝的"海关"。关于"玉门关"这一名称，有两个古老的传说，即"骆驼生病"和"马迷途"，这两个传说都与运送玉石有关。西方人自古就艳羡来自中国的丝绸，而中原人则一直对产自新疆的和田美玉情有独钟。《史记·大宛列传》记载："汉使穷河源，河源出于阗，其山多玉石。采来，天子案古图书，名河所出山曰昆仑云。"❶玉石是西汉王朝

---

❶ （汉）司马迁. 史记·大宛列传［M］. 北京：中华书局，1959：3173.

很重要的一项物资，现存汉墓已出土的大量玉器，如河北满城汉墓和广州南越王汉墓出土的金缕玉衣、海昏侯墓出土的品类齐全的古玉器等，都可证明当时王公贵胄纷纷热衷玉器的情形。于阗历来盛产美玉，在其对外经济交往中，玉石一直是重要的输出品。于阗国王为换回中原王朝的大批丝绸，派官兵专门押解运送和田一带的玉石，运往内地进行贸易交换。因此，在早期，这条沟通西域和中原的古道，被称为"美玉之路"。叶舒宪先生认为，早在张骞通西域之前2000年，这条险路就已开通。❶商贾们在这条路上常年奔波往来，东去者带上和田美玉，西往者带着中原丝绸。大诗人杜甫在其《喜闻盗贼蕃寇总退口号》（其四）中曾说："旧随汉使千堆宝，少答胡王万匹罗。"大概就是对这一情况的描述。玉门关是这条古道上由西域向中原大规模输入玉石等物资的第一道关口，"玉从关外来"，"玉门关"也因此而得名。

　　顺利到达玉门关景区。下了车，滚滚热浪迎面扑来，沙漠午后的太阳的确火辣，强烈的阳光照得人睁不开眼睛，大家都赶紧武装起来，一个个俨然蒙面大侠。湛湛蓝天，茫茫大漠，毒辣的太阳，干燥的热风，还有三五成群的骆驼，这一切都符合我对千年前西域边塞的想象，今天，是彻头彻尾来了一次亲密接触。相对于上午参观的阳关景区，玉门关景区并不大，只有一个关城遗址和一个玉门关遗址陈列展览馆。展览馆就在停车场旁的玉门关文物管理所内，我们沿着下坡走过一段大约十几米长的廊路，来到了玉门关遗址陈

❶ 叶舒宪. 玉帛之路铸就化干戈为玉帛的中国经验［J］. 艺术与设计，2021（6）：167-169.

列展览馆内。这是一座颇有现代化气息的建筑，屋顶上悬挂着的简牍复制品，形成一个巨大的简牍场，蔚为壮观。展览馆里穿梭着来自四面八方的各色游客。展览以"丝路"为主题，包括丝路前奏、丝路开通、丝路屏障、河西走廊沙盘等内容，展板多样，内容丰富，布置精细，几乎占了方形建筑的大半，我们从中不仅了解到这座古老关塞的文化、文物、与之有关的诗词、玉门关遗址的保护方案等，而且对玉门关背后厚重的历史也有了更加深入的认识。

从陈列馆出来，又折回停车场，来到玉门关文物管理所的大厅，穿过大厅便可看见一块刻有"小方盘城遗址"的石碑。我们先在"小方盘城遗址"的石碑前合影留念，向前便是一条千米左右的碎石子路，路面中部每隔几米就有一方形金属指示牌，其正面分别用中文、汉语拼音和英文刻制三行文字，自上而下依次为："小方盘城""Xiao Fang Pan""City Ruins"。走过这段路再向右转，一二百米之后矗立着一块石碑，上面刻着"玉门关遗址"五个红色大字，在石碑的背面，则刻着王之涣那首著名的《凉州词》。不远处，有一方凝重肃穆的废墟，这就是玉门关关城遗址。与阳关相比，玉门关留下的遗迹还算多一点，能看出点当年都尉府的模样。从远处看，它的外形类似一个四方形小城堡，坐北朝南，耸立在东西走向戈壁滩狭长地带中的砂石岗上，四周城垣保存完好，北墙现存最高10.05米，西、北各开一门。辽阔的大漠背景中，在午后阳光的涂抹下，关城遗存显得愈加雄浑、厚重。灼热的空气阵阵袭来，吹散了仅有的一丝凄凉。不远处，三五成群的骆驼在悠闲地四处张望，为空旷而又孤单的沙漠增添了一道和谐的风景。

　　我们从西门进去，关城内空荡荡的，除了驻足的游人，唯有几丛骆驼刺在默守着孤寂的时光。我们选择在城内一隅拍照留念，脚踏黄土地，头顶湛蓝天，背后便是沧桑厚重的黄土城墙，团队成员一个个英姿飒爽，精气神十足，别有一番感觉。慕名而来的游客还是挺多的，不过，当看到眼前残破的玉门关时，不少以观赏为目的的游客还是多多少少流露出了失望之情。旁边就有一位五十多岁的妇女，边走边抱怨自己的儿子让她来到这个破败的地方，认为这"土坷垃泥墙"实在是没什么看头，还白白花了门票钱。大多数游客在这里都会拍一张照片留作纪念，要不然感觉真的是白来了，因为除此以外，的确看不到什么东西。然而，在这里，我们却听见了历史的声音。遥想当年，关门内外驼铃悠悠，人喊马嘶，商队络绎，使者往来，该是何等的喧嚣与繁华！纵然岁月已将昔日的辉煌带走，但这里是大汉帝国繁荣昌盛的符号，沉淀着驼铃商队清脆悠扬的记忆，是一个有故事的地方，更是一个有温度的存在！是历史的真实见证者，更是大漠的坚定守望者！其实，不仅是玉门关，还有很多历史遗迹，其本身的观赏性都不是特别强，它们存在的价值也不在于赢得游客的视觉观赏，而是其所拥有的独特的历史文化价值。从某种意义上说，玉门关是中华文明一个不朽的符号，更是一种浓浓的情结，正如甘肃省酒泉市人大常委会副秘书长杨永生所言："从文化意义上讲，阳关、玉门关等长城关隘是中原农耕文化与北方游牧文化的分界线，是华夏文化版图上的一个历史性地理坐标；从美学意义上讲，阳关、玉门关等关隘是华夏文明的重要文化符号，代表着苍凉与寂寥，交流与开放，共荣与创新；从文学意义上讲，阳关、玉门关等关隘又是中华文学的宝贵资源库，代表着离别与友谊，生死与悲壮，诗歌与爱情，是中国文人的精神坐标。"❶因此，面对这些遗迹连同它们所在的环境，大概更多的是需要我们用心去感悟吧。

今天，来到它的身旁，我终于可以伸手触摸到它粗糙斑驳的躯体，那是当年我们的祖先凭借聪明和智慧，用勤劳的双手，就地取材，用黄胶土夯筑而成。漫长岁月，风沙雨雪，虽苍老了容颜，却留下了灵魂，虽破败不堪，却巍然屹立，就像一位饱经风霜但依然挺拔的老人，目光坚定而从容，等观游人来来往往。站在它的身旁，似乎能够感受到它的体温，感受到它生命的存在，感受到它的粗犷和硬朗。

从关城的北门出来，可以看到一片盐碱地和一大片茂盛的芦苇，远处依稀可以望见曾经的古河床。水是生命之源，在西北戈壁荒漠地区，水的重要性更为突出，有了水才能有生命，也才能守得住一些军事和交通要道。玉门关在当时之所以能够存在，也正是有赖于这一片湿地和疏勒河。在丝绸之路开通后的一千多年间，疏勒河流域始终处在古代中国对外交通的关键位置上，阳关道、玉门关道、吐谷浑道、莫贺延碛道等数条丝绸之路的重要通道全部沿疏勒河两岸穿行。这里属于古疏勒河河谷，看得出当年一定是水源充足、牛羊遍野、花果飘香的地方。古人选择在此设置关隘，想必是

❶ 杨永生. 阳关与玉门关是中国的人文坐标——在敦煌两关长城历史文化保护承传发展座谈会上的发言［EB/OL］.（2013-08-30）［2018-10-18］. http://blog.sina.com.cn/s/blog_b38208bc0101e3fd.html.

有充分考虑的，首先是可以解决城中驻兵的水源供给问题，其次还可以利用湖泊作为天然屏障来保护关城的安全。沿着游人步道来到障北的观景台上，依偎着木栏杆向远处眺望，只见戈壁浩瀚，天地苍茫，群山连绵起伏，若隐若现。置身于此，联想到古时丝绸之路的繁华、边关征战的艰苦，仍然能够唤起心底深处一种特别的感受。此时此刻，脑海中不由浮现出这样一幅古代远景：长城巍峨，烽燧兀立，玉门关耸立在万仞高山之中，孤峭冷寂，关门内外人马商队来来往往，川流不息，中原的瓷器、茶叶和丝绸沿着这条通道被源源不断地运往西方各国，西方的香料、瓜果和宗教文化也由此涌入内陆中原。眼前仿佛出现了李广、霍去病、张骞等人的身影，他们都曾在这里留下过足迹。如今，我们踏在了两千多年前的丝路古道上，抚今追昔，不禁感慨万端！

玉门关是丝绸之路上至今保存最好、类型最完整、规模且大的关隘遗存。关于玉门关关址的具体位置，学界一直悬而未决。1907年4月，英籍匈牙利人探险家斯坦因在这里幸运地发现了一枚刻有"玉门都尉"字样的完整的简，他据此推断"找到了汉代控制沿碛道一切懋迁往来的玉门关遗址"，认定这里就是玉门关所在地，并将其编号为T14。1944年春，前西北科学考察团历史考古组赴河西开展调查，夏鼐、阎文儒在小方盘城以东烽燧遗址中发现汉简38枚（现藏于台北"中央研究院"）●，其中有一枚，简文字迹清晰，墨书"酒泉玉门关都尉"字样。此后，学界很多人将这两枚汉简作

● 何双全. 简牍［M］. 兰州：敦煌文艺出版社，2004：168-169.

为根据，认定这里就是汉代玉门关。考古学家陈梦家先生认为，即使以上述出土汉简为据，小方盘城也只能说是玉门都尉的治所而实非玉门关，玉门关关址应在小方盘城之西或西北。❶近年，据马圈湾新获汉简，又有人提出西汉玉门关关址似在马圈湾西南0.6公里的羊圈湾，王莽末年废弃，东汉初，玉门关东迁至小方盘城西侧的塞墙上。关于这一问题的讨论已持续了半个多世纪，至今仍未得出公认的结论，尚有待于新的考古与发掘来证实。

据有关资料可知，玉门关并非一个独立的关口要塞，而是以小方盘城遗址为中心呈线性分布，东起仓亭燧，西至显明燧，东西长约45公里，南北宽约0.5公里。在这条线性遗址区域内，有两座城址，即小方盘城和大方盘城（河仓城），还有20座烽燧和17段长城边墙遗址。作为一个规模宏大、构筑完整的古代防御体系，它见证了汉代大型交通保障体系中的交通管理制度、烽燧制度与长城防御制度，及其对丝绸之路长距离交通和交流的保障。1920年春，有人在玉门关（小方盘城）外沙滩中得汉简17枚，由一位叫周炳南的人收藏，新中国成立初收购原简，现藏于敦煌研究院。1998年，敦煌市博物馆在小方盘遗址发现汉简5枚，现藏于敦煌研究院。1999年，敦煌市博物馆在玉门关（小方盘城）遗址中获木简300余枚，现藏于敦煌市博物馆。❷在此陆续发掘出土的各类汉简，内容多与屯戍有关，涉及诏书律令、司法文书、例行公文以及各式簿籍等，为我们了解这一大型防御体系及边塞政治、经济、生活提供了十分珍贵的资料。王国维就

---

❶ 陈梦家. 汉简缀述［M］. 北京：中华书局，1980：195-204.

❷ 何双全. 简牍［M］. 兰州：敦煌文艺出版社，2004：168-169.

曾根据简文的记载恢复当时的烽燧系列，因而极大地丰富了人们对于汉代边境建设、社会生活、中西交往等方面的认识。

在学界，河西走廊疏勒河流域长城关塞遗址中陆续出土的竹简、木简，被统称为"敦煌汉简"。敦煌汉简不仅数量庞大，约占全国出土简牍总量的一半以上，而且其内容相当丰富，包括政治、经济、交通、历史、民族、文化等各个方面，具有十分重要的学术研究价值。秦汉简牍研究专家马智全指出："20世纪以来，敦煌汉塞及邮驿遗址先后出土的大量汉代简牍，记录了华夏文明与西方文明传播交流的生动历史进程。"[1]马利清说："如果说历史是被时间的迷雾重重掩盖的真相，那么考古所做的就是细细拂去时间的尘埃，拨开迷雾，将逝去的文明重现于我们眼前。虽然遗迹和遗物是片段的，残缺的，但它穿越时空，使人类的视野不断向远方延伸。"[2]正是有赖于考古发掘所得的汉简材料，我们才能穿越时空，得以窥探河西走廊的绚烂与辉煌。

二、凝望汉长城

出玉门关遗址往西走几公里，经过一段尘土飞扬的石子路后，我们来到了汉长城遗址。

西汉王朝在收复河西之后，为了巩固中央集权，除了"列四

---

[1] 马智全. 敦煌汉简：汉代丝绸之路畅通的历史见证［N］. 光明日报，2017-02-15.

[2] 马利清. 考古学概论［M］. 北京：中国人民大学出版社，2010：5.

郡，据两关"外，还相继设立亭障，分段修筑障塞烽燧。元鼎六年（公元前111年），由令居（今甘肃省永登县）开始，筑塞至酒泉（今甘肃省酒泉市），元封四年（公元前107年），由酒泉筑塞至玉门关，《史记·大宛列传》载："于是酒泉列亭障至玉门矣。" ❶ 王莽末年，西域断绝，玉门关关闭，汉塞随之废弃。东汉初，西域大道北移，后坑以西的塞墙再未复建，在小方盘城西侧新筑南北向塞墙，塞墙以南，掘壕置"天田"，即在壕内平铺一层细沙，以便检查越塞者的足迹，直至阳关（位于敦煌西南的南湖乡）。《汉书·赵充国传》载："自敦煌至辽东万一千五百余里，乘塞列隧有吏卒数千人。" ❷ 《汉书·西域传》也载："自贰师将军伐大宛之后，西域震惧，多遣使来贡献。汉使西域者益得职，于是自敦煌西至盐泽往往起亭。" ❸ 敦煌一带的汉代障塞烽燧，形成一条绵延万里的候望系统，对外有效抵御匈奴的侵扰，加强边塞建设；对内则安定百姓生活，促进与中亚、西亚各国的贸易和友好往来。汉简就是这一历史时期的遗留物，它们中绝大多数都出自这些烽燧和亭障。另外，在此发掘的一些历史文物也弥足珍贵，如"玉门千秋隧"出土的西汉纸，经考证，早于东汉蔡伦造纸170多年。

下了车，迎面可见不远处的一段汉长城残垣，据说这是保存得最好的一段汉长城。远远望去，汉长城遗址更像是一垛小土堆，走近了凝视，便可以清楚地看到它的建筑结构，不是用砖石砌成，而

❶ （汉）司马迁. 史记·大宛列传［M］. 北京：中华书局，1959：3172.
❷ （汉）班固. 汉书·赵充国传［M］. 北京：中华书局，1962：2989.
❸ （汉）班固. 汉书·西域传［M］. 北京：中华书局，1962：3873.

是就地取材，用红柳、芦苇、罗布麻等植物，铺上沙土、砂砾石，层层夯筑而成，可谓是古代独创的"混凝土"。汉长城分段修筑，相连为墙。走近墙体，那些风化的芦苇还清晰可见。在当时，根本没有水泥，也没有钢筋，墙体黏结得却如此牢固，能够屹立数千载而不倒，实在令人惊叹。在长城沿线上，每隔十里左右就有一座烽隧，也即"十里一大墩，五里一小墩"的烽火台。据有关资料介绍，每座烽隧都有戍卒把守，遇有敌情，白天煨烟，夜晚举火，点燃报警，传递消息，所燃烟火远在三十里外都能看到。眼前已被风蚀成时光年轮的汉长城，曾见证过那一段风云激荡的岁月，如今可沉沉睡去了，再也不用操心金戈铁马、刀光剑影的日子。在空旷的大漠深处，一座座断壁残垣逶迤而又引人注目，成为一道残缺的风景，也给山河增添了几多壮丽的色彩。

茫茫大漠中，炎炎烈日下，凝望着这段古老的城墙，脑海中仿佛出现了英国探险家斯坦因的影子。20世纪初，斯坦因进行第二次中亚考察时，在这片土地上留下了深深的足迹。1907年，他带着雇用的几十个挖掘工来到这里，在一片胡杨红柳林里安营扎寨，开始在这戈壁荒滩上探险寻宝。在考察挖掘的过程中，由于斯坦因一直牵挂着莫高窟藏经洞，所以心急如焚，夜不安寝，一再催促挖掘队加快进度，好尽快完成后回敦煌挖掘莫高窟。尽管雇工们的工作状态和效率并不能令他满意，但经过挖掘队拉网般的寻找，最终还是取得了让他倍感惊喜的收获，不仅发现了许多简牍与写在绢和纸上的古文书，而且获得了令同行非常羡慕的珍贵文物。据统计，斯坦因此次共获得简牍708枚。这些简牍和绢纸上都刻写着当时边关上的驻防、粮草、行军、打仗等方面的文字。其中有一块长10英寸、宽1英寸的木牌，上面整齐地书写着五栏汉字，经随行的蒋师爷确认，原来是九九算数表的一部分。有一枚纪年简，上面清清楚楚地标着年号时间"建武二十六年"（50年），证明这是汉光武帝时期的木简。还有一枚汉简，是皇帝颁发给敦煌太守的诏谕，上面刻着"属太守：察地形，依阻险，坚壁垒，远候望"等文字。此外，斯坦因的挖掘队还从城池废墟里发掘出一批信件，后来经专家研究鉴定，属早期活动在中国的粟特商人寄给本国人的信件。斯坦因发掘到的这批简牍和文物，内容十分丰富，是汉代边塞政治、军事和边境日常生活的真实记录，因而至为宝贵。1914年，王国维、罗振玉依据这些汉代简牍合撰出版《流沙坠简》❶一书，开启了利用出土简牍与传世文献相结合研究汉代历史的先河。

1913年至1915年4月，斯坦因第三次中亚考察时，又来到了这里，获得简牍84枚。据调查，斯坦因这两次共从敦煌拿走汉简3000余枚，出土于59个地点，已发表近1000枚，还有2000余枚未发表，其主要是第二次考察时获取的残简和佉卢文木简。斯坦因第二次和第三次中亚考察时所发现的简牍，以及1944年中国西北科学考察团历史考古组的夏鼐等人所发现的汉简，经林梅村和李均明整理，成《疏勒河流域出土汉简》❷一书。1977年8月，嘉峪关市文物保管所在今玉门市汉代烽隧遗址中获得简牍91枚，原简现藏嘉峪关长城博物馆。我们8月10日下午去探访嘉峪关时，本来打算探访结

❶ 王国维，罗振玉. 流沙坠简［M］. 北京：中华书局，1993.
❷ 林梅村，李均明. 疏勒河流域出土汉简［M］. 北京：文物出版社，1984.

束后就去参观博物馆，但当日从嘉峪关景区出来已经下午19：30，博物馆已经闭馆，就这样与这批简牍材料擦肩而过，不免有些失落，只好在博物馆门前的小院里逗留了10分钟，拍照留念。这也是此次考察行程中的一个小小遗憾。

三、探秘河仓城

考察完汉长城，我们又来到了河仓城遗址。河仓城位于东西走向的疏勒河古道旁的凹地上，俗称大方盘城（斯坦因编号为T8），西距小方盘城约11公里。据考证，此城建于汉代，当时叫"昌安仓"，因靠近疏勒河，又称河仓城，是我国西北长城边防至今存留下来的规模较大的、罕见的军需仓库。西面不远处，是一个大湖泊，岸边长满了芦苇、红柳等，东面是一片沼泽地。河仓城建在高出湖滩3米许的风蚀台地上，南面有高出城堡数丈的大戈壁怀抱，因而极为隐蔽，不来到跟前，是很难发现它的存在的。由此可见，古人选择这块地方修建军需仓库是经过了周密勘察。

相对于阳关、玉门关，河仓城可谓"被人遗忘的角落"，就连敦煌本地导游吴龙也说不曾来过。虽然与玉门关仅隔十余公里，可除了我们一行人，几乎没有再看到其他游客。在很多人看来，河仓城只是一个古代囤积粮草的仓库而已，是没什么看头的，也很少会出现在文人的笔端。从建筑规模看，河仓城比阳关、玉门关可要大得多，它更像一座城。然而，没有辉煌的历史，没有诗人的吟诵，河仓城已然成为人们遗忘在历史长河中的尘埃了，它只是静静地伫立在早已没有了流水的疏勒河边，默默地守望着这方宁静的戈壁大漠。下车之后，有一位个头不高、皮肤黝黑，看上去五十多岁模样的男子迎面向我们走来，他就是负责看护河仓城遗址的文物保护员张老师。在我们说明来意之后，张老师给予了热情引导，并告诉我们遗址内安装了电子化的监测设备，以防止自驾游客、探险者等私自攀爬破坏遗址，提醒我们注意。之后，我们便开始了对河仓城的探访。

河仓城建筑遗基呈长方形，夯土版筑，坐南朝北，东西长132米，南北宽17米，残垣最高处6.7米。城内有南北方向的两堵墙，将内城间隔为相等并排的三间仓库。每间仓库向南各开一门，应该是进出粮食的通道。仓库内南北方向的两堵墙上，都有两排对称的三角形通风孔。库房外面东、西、北三面原筑有两道围墙，第一道尚存部分断壁和四角角墩，第二道围墙仅剩东北角墩，四壁多已颓塌，只有北壁较为完整。河仓城南面的小山包上，有一座保存较好的汉代烽燧，砂石夹红柳筑成，外包土坯，残高约4米，为河仓城的警戒哨所。1943年，西北科学考察团历史考古组曾在仓库内外及其附近发掘出石碣一个，上面刻有"晋泰始十一年"字样，考古人员还挖掘出大麦、糜子、谷子等粮食。可见，河仓城自汉代到魏晋一直是长城边防储备粮秣的重要军需仓库。把守玉门关、阳关、长城烽燧以及西进东归的官兵将士全部从此仓库中领取粮食、衣物及草料供给，以保证他们有旺盛的战斗力。作为西北边防的重要军事补给站，河仓城的重要性毋庸置疑。因此，当时不仅城内有守军，城外的戈壁高地上，还专门筑有守护仓库的仓亭燧（或称"河仓燧"），一旦外敌来袭，即可点燃烽火示警。

我们一行围着城址的栅栏边走边观察，面对眼前的断壁残垣，感受到的是一种强烈、厚重的历史感和跨越千年的荒凉。蔡校长走在最前面，不时驻足凝望，有时会停下来拍几张照片，我们则三五成群地跟在后面。一圈走下来，用了二十多分钟。然后，又跟着蔡校长到张老师的住处进行了走访交流。张老师告诉我们，这是一个人迹罕至之处，一年也来不了几个游客，因此更是很少看见像我们这样浩浩荡荡的考察团队。这份工作比较特殊，需要数十年如一日地坚守在这里，枯燥而又单调，加之这个地方偏远荒凉，生活、交通极为不便，也就很难留住年轻的工作人员。所以，他和老伴儿一起被聘来做这一份工作，双方都有工资。张老师是敦煌当地人，对当地文物方面的信息还是比较了解的。他还告诉我们，大方盘城北面的疏勒河南岸，曾建有长城，凭借疏勒河、东西二泉等水域天险，与人工修筑的长城边墙、烽燧，共同形成防御的边界。聊着聊着，不觉到了必须出发去下一个考察点的时间，我们一一向张老师辞别。

四、寻觅马圈湾

下午6点多的西北高地上，火红的太阳还高悬在西边的天空中。出河仓城遗址，我们继续去探寻马圈湾烽燧遗址。记得临行之前跟导游协商行程安排时，导游将马圈湾作为一个机动目标，原因是马圈湾不是一个景区，虽然地图上显示离玉门关景区不远，但可能不太好找，而且它也不像阳关、玉门关那样声名远扬，加之当日的行程已经较满，所以导游建议看时间情况，如果时间太紧的话就取消。听了导游的安排，赵立伟老师却坚持说："马圈湾虽然不是著名景点，但对我们这一群人来说，很值得去，也很有必要去。"就这样，在赵老师的争取之下，马圈湾烽燧遗址便成为我们此行中一个必不可少的考察目标。

通过查阅地图可知，马圈湾烽燧东距小方盘城11.5公里，位于马圈湾与盐池湾之间的戈壁走廊上。18：40，我们按导航地图所指示的方向来到了"目的地"。这里有一条刚刚修好的公路，两旁是茫茫戈壁滩。下了车，并没有看到任何"文物保护"之类的标志或提示，我们来到戈壁滩上苦苦寻找，仍没有发现发掘现场的一点儿痕迹。蔡校长一个人爬到了高耸的岩石戈壁上眺望、探寻，我们则在荒滩上试图寻找"蛛丝马迹"，宁老师和宁家宇发现了一把被黄沙掩埋但保存良好的"苣"，大家都异常兴奋，赶紧围了过去，仔细观察、判断，此时的我们是多么期待意外的惊喜！就这样，在寻寻觅觅中，不觉已过去近一个小时。后来在甘肃简牍博物馆与马智全老师交流时得知，马圈湾烽燧遗址的确没有任何标志或路标指示，没有专业人员的引领是很难找到的，其实我们所到的地方离马圈湾遗址已经很近了。然而，近在咫尺，却又远在天涯，我们就这样与马圈湾烽燧遗址失之交臂。天色已晚，要赶回敦煌还有一百多公里的路程，我们带着些许遗憾打道回府了。

经查阅有关资料得知，马圈湾烽燧遗址（甘肃省文物考古研究所编号D21）是斯坦因当年遗漏的一个烽燧。1979年6月，敦煌文化馆在此遗址试掘采集汉简109枚，现藏于敦煌市博物馆。1979年10月，甘肃文物考古队和敦煌文化馆在考察汉塞烽燧遗址时，又在此发掘出土简牍1217枚，现藏于甘肃省文物考古研究所。从内容看，马圈湾汉简主要记载有关出入玉门关、玉门关侯及其管辖范围和屯兵屯田活动等，其中有一部分是汉平帝时期的簿册、书牍和王莽时期的奏书底稿。从书体看，已是成熟的章草，四面觚《仓颉篇》则是汉篆的代表，凡此等等，在书法研究方面都具有十分重要的价值。所幸8月15日我们在甘肃省文物考古研究所的简牍博物馆里目睹了这批简牍的真容。张德芳《敦煌马圈湾汉简集释》是集中对马圈湾汉简材料进行考释、研究的重要成果。除了这一千多枚简牍外，马圈湾还出土其他遗物300余件，有粮食、麻纸、毛笔、石砚、丝织残片、毛织残片等。

行程中的许多突发情况是始料不及的。在返回敦煌的路上，行驶了近一个小时后，汽车突然抛锚，这时已是20：20，距离敦煌还有30多公里的路程。前不见村，后不着店。司机师傅与加油站联系协调，寻求帮助，我们只好下车等待。茫茫戈壁中，夕阳马上就要落山了，西边的晚霞已被落日映得通红一片，夕阳给广袤的沙漠旷野涂抹上了一层亮丽的金黄色。向东望去，一弯新月正在冉冉升起。突然的故障并没有扫除大家的兴致，在宁老师的带动下，很快化烦恼为菩提，边欣赏着大漠落日的美景，边拍照，唱了起来，又跳了起来，都在尽情地放飞着自我。杳无人烟的大漠，壮丽的落日晚霞，城市中看不见的地平线，还有一群追逐梦想的人……我们陶醉于这大自然的美景，直到最后一缕霞光消失在暮色中。因为我们这一行人，此时的戈壁荒滩上笼罩着一种快乐而又美好的气氛。平时的我们，整天在城市的钢筋水泥丛林中忙忙碌碌，有时很渴望把自己放置于这样广阔的天地间去体验一把。只有置身于这粗犷、壮阔的风景中，才能体会到天地之广大，洪荒之无涯，同时也深感自然之宏伟，自我之渺小。这是突然的故障带给我们的意外收获。

一个多小时之后，加油站才给送来了汽油，收拾好再次启程时，沉沉的夜幕已降了下来，仰望茫茫苍穹，繁星点点。在车上，大家仿佛忘记了疲惫，也忽略了饥渴，回味着今天所经历的一切，依然兴奋不已，阳关、玉门关、汉长城、河仓城……一一在脑海中清晰浮现。纵然那黄土筑成的躯体已逐渐被深埋于黄沙之下，消失在时光的荒原里，仅存残垣断壁了，但它们的存在叙述着两千多年前一个个不为人知的故事，由此我们听到了历史的脚步声，也看到了那斑驳沧桑的身躯上所承载的古老文明。我想，纵横千万里的跋涉，穿越千万年的追寻，意义应该也在此吧！

西晋古墓越千年，戈壁滩下有洞天

——敦煌西晋墓考察日志

李如冰*

2018年8月8日，星期三，是我们河西走廊简帛出土遗址考察之行的第三天。

下午3点，我们去敦煌晋墓参观。敦煌汉唐年间古墓甚多，故城以东三危山前的戈壁滩上，大大小小的古墓数以万计。1944年中国西北科学考察团夏鼐等人就曾在此发掘过魏晋唐墓数十座。新中国成立后，又陆续清理发掘，发现了几十座颇有价值的壁画墓。这些墓葬是敦煌所历沧桑的客观记录，在一定程度上反映着敦煌古代人们的社会生活，有着丰富的文化内涵。我们要参观的佛爷庙湾西晋画像砖墓，以富丽繁复的仿木斗栱结构、造型砖雕和精美的画像砖闻名，1981年被确定为甘肃省省级文物保护单位，颇值一观。

晋墓在敦煌市东南方向，距市区不到10公里。市区绿树成荫，

* 李如冰，聊城大学文学院副教授，硕士生导师，聊城大学简帛学研究中心成员。

但出城不远便是寸草不生的戈壁滩，大大小小的新坟古墓就散落在茫茫戈壁滩上。据导游说，敦煌居民不实行火葬，人死之后便在戈壁滩上找块地方埋起来，往往一个家族埋在一起，用砖石等物围出墓界。因为长久以来的习俗，戈壁滩上往往新坟古墓交错，政府部门虽曾想过将古墓与现代墓葬隔离，但积重难返，再分开已经是不大可能，只能将几处重要的古墓葬保护起来。

汽车在戈壁滩上奔驰，远远看到一座飘着五星红旗的小屋，那儿就是我们的目的地了。除了我们，几乎不见其他行人。我们下车进到小屋，说明来意，大约因此地罕有人至，又闻听我们是来考察的专家，管理员非常热情，立刻安排讲解员拿上钥匙、手电筒，带我们下晋墓参观。晋墓地表有封土，墓葬较深，有长长的墓道，墓道坡度大约有45°。从墓道入口循阶而下，是文物部门为保护墓葬所设的铁门，打开门，我们沿着墓道继续往下走，迎面可见仿木门楼照墙。因光线昏暗，讲解员用手电筒打着光指点我们看照墙上的画像砖。照墙用方形或其他几何图形的青砖干砌而成，组合成漂亮的界格，中间镶嵌着画像砖。外照墙最上面一层是三块较大的正方形画像砖，用白色框勾边，框内画像。画像颜色已经有些脱落，但大致形象仍然依稀可见，以黑色勾画，白、黑、黄等颜色涂抹。左右两块画像砖为女娲、伏羲。女娲、伏羲形象明显为一对，均为人首蛇身，有双手双足。伏羲像胸部为圆形太阳，太阳中有黑色展翅乌，头顶有三束长发，直竖向上，面部不清，右手持规，上身衣带飘飞，下身两侧双腿迈开。女娲则头戴黑色弧顶冠，胸部绘圆月，月中有金蟾，左手持矩。传说伏羲与女娲本是兄妹，后结为夫妻，共同创造了人类。画像砖中伏羲、女娲的形象与文献所载传说一致。如《列子·黄帝》曰："庖牺氏……蛇身人面。"庖牺即伏羲。《文选·鲁灵光殿赋》曰："女娲蛇躯。"中间一块画像砖，所绘是一位帝王形象，上有华盖，下有祥云，两旁有金童玉女服侍。有学者认为是东王公，也有学者认为是神农氏。这组画像砖下面一层，是四块长方形画像砖，规格和现代红砖大小差不多。边上两块为两只相向的尚阳。尚阳，又名商羊，在古代被认为是知雨神物。东汉王充《论衡·变动》云："商羊者，知雨之物也。天且雨，屈其一足起舞矣。"图中尚阳鸟首长喙，顶有长翎，身体细长，一足，挺胸而立，尾翎上扬。中间两块一为凤，一为麒麟，相向而立，均昂首挺立，尾巴上扬。凤鸡首有冠，麒麟顶有独角，与双耳呈"山"字形。再下面一层也有四块立面砖，两边两块为仿木斗栱的雕砖，中间两块题为河图、洛书，反映的是"河出图，洛出书"（《易经·系辞上》）的情景。前者绘一龙首兽身，颈系飘带（帛书）的形象，后者绘一兽首龟体，龟甲上饰纹路（书册）。第四层又是四块画像砖，中间两块为相向的力士形象，边上两块为相向的赤雀。再往下有两层仿木造型砖雕。再往下又是两层画像砖。但上面一层有缺损，已难看出图案。下面一层中间两块为相向的鹿，边上两块为相向的兔。内照墙除仿木斗栱砖雕造型外，也有几层画像砖。著名的"李广骑射"画像砖就在内照墙的第三层，与其相对的是一块绘有山中猛虎的画像砖。除此之外，内照墙画像砖还有青龙、白虎、赤鸟、鼋鼍等珍禽异兽形象，以及人首熊身和熊首人身的力士形象。

穿过两道照墙下的门洞，我们进入墓室里面。墓室为单室双耳结构的夫妻合葬墓，顶部为覆斗型。正上方中间用方砖砌出莲花藻井。墓室四角各有一块突出来的砖，是放灯的灯台，当时都绘有兽面，但因年代久远已全部脱落，只剩下西南角灯台上的兽面依稀存在。灯台上没有灯，据说发掘时就没有，应该是被盗墓者拿走了。此墓是被盗过的，盗洞就在墓室拱角。整个墓室都是青砖垒成，没有任何黏合剂，全靠力学结构支撑，因此，盗墓者取砖不当，很可能会造成整个墓室的坍塌，但盗墓者显然很专业，取砖位置恰到好处。考古人员发掘时发现墓内文物已被盗墓者破坏，这座墓室内应有的彩陶、青铜器陪葬品、部分画像砖及棺椁里的首饰全部被盗，只剩一盏非常有价值的长明灯和部分土陶，现藏于甘肃省博物馆。

墓室主室正面墙上是长方形大幅壁画，以白垩打底，所绘为男女墓主相对而坐宴饮的情景。主室最上部呈房顶状，屋脊两端绘有两只石绿色鹦鹉相向而立。下檐两端有昂起的龙首。墓主夫妇均着交领广袖汉式襦服，双袖对拢于腹前。男主人头戴进贤冠，衣服呈红色；女主人头束髻，衣服肩部为淡黄色，着青绿披肩。主人夫妇左右两旁有仆人侍立。仆人身形既小，面目五官中亦少了嘴巴，据说这是因为仆人没有说话的资格，所以不画嘴。讲解员说，这幅壁画前本来还有帏幔遮挡的，但考古发掘时，墓室一打开，帏幔就应声而碎，无法收拾了。主室左右两边分别摆放着夫妻二人的棺木，但棺木已经被盗墓者破坏，随葬品不知所踪。由于墓被盗，墓主人的确切身份无从考证，只能据墓室规格和留存器物推断可能为当时敦煌的大家族。墓室的两侧为耳房，分别代表厨房和卫生间，空荡荡的，几乎没什么东西了。

参观完毕出来，我们随讲解员进入管理室，翻看管理室摆放的相关书籍和图片。苗院长和一位年长的管理员攀谈，敏锐地听出管理员西北普通话中的山东口音，就问他是哪里人。不问不知道，一问居然是山东老乡，老家菏泽的，自20岁时当兵离开家乡，至今已有60年。20世纪国家试验原子弹时，他跟随部队往罗布泊修过路。中印边境自卫反击战时，他跟随部队修过碉堡。"文革"时期，他在兵团当教员，管理过知青。后来转业到地方，在瓜州商业局局长位子上退休。敦煌考古研究院招聘晋墓管理员，年轻人没人愿意来，他虽年近八十，但身体很好，又不想在家闲居，就应聘来此看管晋墓。见到老乡，提起往事，老人非常激动。我们也被老人丰富的人生经历和老有所为的精神所感动。与老人合影留念后，老人主动提出，打开晋墓旁边另一座东汉墓供我们参观。

东汉墓墓口积了很多细沙，为免滑倒，我们小心翼翼地沿墓道台阶往下走。这座墓与晋墓一样有长长的墓道，有高大的照墙，但照墙上没有正方形的大画像砖，造型相对简单。画像砖虽然很多，但色彩脱落更严重，很多已经看不出图案形状。墓室结构为双室，也就是有前后两室，前室为穹顶，有左右两耳室；后室为覆斗型结构，顶部亦有莲花。没发现大幅壁画，但一块画像砖非常清晰，白色打底，黑笔勾勒。

参观完东汉墓出来，已经5点多了。我们与看守晋墓的老人告别离开。在回城的路上，望着戈壁滩上大大小小的墓葬，我们不禁感叹：在这寸草不生的茫茫戈壁滩下，谁会想到还别有洞天呢！

悬泉置：丝绸之路上的国宝档案

宁登国*

2018年8月9日9时许，离开敦煌，我们考察队一行开始向60公里之外的悬泉置遗址进发。悬泉置遗址坐落在甘肃西部瓜州县和敦煌市交界处、紧邻安敦公路（安西至敦煌）南侧1000米的山丘。悬泉置初设在西汉武帝元鼎年间，称"悬泉邮"。昭帝至东汉建武五年（29年）约100年间是其发展鼎盛期，称"悬泉置"，担负着传递信息、迎来送往、沟通中外的历史重任。汉代以后悬泉置走向衰败，魏晋时一度改作他用。唐代复称"悬泉驿"，宋代以后逐渐废弃。悬泉置前后使用400余年，是迄今为止在河西走廊所发现的保存最为完整、规模最大、时代最早的邮驿机构遗址。遗址中出土了35000多枚汉简和数以万计的其他文物，可谓丝绸之路上的国宝档案，对我们重新认识丝绸之路乃至整个欧亚大陆的世界具有重要

* 宁登国，聊城大学文学院教授，硕士生导师，聊城大学简帛学研究中心主任。

意义。2001年，悬泉置被国务院公布为第五批全国重点文物保护单位。2014年6月，该遗址作为"丝绸之路：长安—天山廊道的路网"的申遗点之一，被列入世界文化遗产名录。对于如此重要的古道枢纽，我们一定要找到她。

一、荒漠迷途

行驶在刚建成不久的柳格高速上，车窗外黄沙漫漫、戈壁苍茫，百里之内荒无人烟，很有遗世独立的落寞之感。原本打算在甜水井服务区下高速，再走2公里就到悬泉置遗址，但因道路施工，只好继续向前行驶至30公里左右的南岔镇十工村，然后又沿安敦公路返回甜水井。

在荒漠中，手机信号忽强忽弱，很不稳定。按照导航提示，我们来到了安敦公路北侧一片连绵起伏的山的脚下。因先前了解到悬泉置紧临三危山余脉火焰山，而且有一山沟直通山中吊吊泉，加之卫星定位，我们判定此山应就是火焰山，悬泉置遗址就在眼前。于是我们纷纷下车，分成两路向山中走去。一路沿山谷探寻，一路登山远眺。此时已是下午两点多，是荒漠中一天最热的时刻。天地像蒸笼一样，尽管大家都戴着防晒面具，但滚滚热浪仍炙烤着身体，甚至能感觉到体内水分蒸发的滋滋声响，真担心变成"干尸"。我接连翻越了好几个山冈，总希望每登高一分，就能四下看得远一些，但直到登上最高峰，也始终没有望见悬泉置的影子，有的只是火烧一般毫无绿色的荒山秃岭和纵横交织的沟壑深谷。此情此景，忽然对屈原《九歌》中"表独立兮山之上，云容容兮而在下"的失恋山鬼有了更为深切的同情，更对汉时长年驻守在此的戍卒的艰辛有了真切的体验。我们来看悬泉置出土的《过长罗侯费用簿》中的几条记载：入曲三石，受县；入鱼十枚，受县；入豉一石五斗，受县。为了接待中央来使，在内地极为常见的酒、鱼、豉等物资，都要从效谷县调拨，而且根本没有蔬菜记录，可以想见戍卒的生活条件该是多么艰苦！另外，据这里出土的《元康四年悬泉置鸡出入簿》，公元前62年，悬泉置全年招待过往官员共消费了88只鸡，其中57只是由县里调拨、31只是购买的，而且要对该类消费专门登记管理，也可以见出物资的奇缺。难怪在悬泉置出土的私人书信《元致子方书》中，连一双鞋、一支笔、一枚印章、一根鞭子，"元"都要托"子方"从内地代为购买，而且再三叮嘱对方"幸留意留意，毋忽异于它人"（一定要放在心上，不要忘了），毕竟在这黄沙茫茫、寸草难生的地方，生存是第一要义啊。

正在我四顾茫然、一筹莫展的时候，手机响了，是山下的巩老师打来的。只听他略带惊慌地问我说："你快看看，我们的租车怎么跑了？！"试想，在这荒无人烟、热浪翻滚的戈壁滩上，如果载你而来的车子突然离你而去，也确实是件很恐怖的事情。但我此时心中十分淡定，又觉得人生实在是太有趣了，因为当我在山顶环顾四周没有发现悬泉置遗址的时候，便知导航误导了，于是就告诉远处等待的汽车司机开车走动起来再重新定一下位置。在我看来，汽车开动意味着希望；但在不知情的老师们看来，却是一场"灾难"。谁率先掌握了信息，谁就赢得了主动权。由此联想到当年悬泉驿站信息传递对于汉王朝重大的意义，"置"作为汉代邮驿系统的重要机构，在汉代信息传递中占有十分重要的地位。居延破城子汉简《驿置道里簿》与悬泉汉简《传置道里簿》这两篇珍贵的"里程表"中，记录了汉代邮驿系统的具体分布情况。从长安出发进入河西走廊，向西到敦煌，"置"的数量、名称及各站点之间的距离都记载得清清楚楚。类似悬泉置的"置"共有11个，这些站点，设有邮政传递系统的建制，有可以提供政府官员车马食宿的传舍，具有传舍、邮置、驿站、厩御等多方面的功能，可谓保障西汉沟通西域、西亚的交通大动脉顺畅的支点，直到今天，它仍以其独特的魅力展示着它的风采。

二、柳暗花明

幸运的是，汽车司机搜索到一个关于悬泉置的新位置，虽在附近不远，但是在公路南侧，我们恰恰走反了。于是我们便掉转车头，向新址进发。远远就看到一方柱状烽火台兀然矗立，如同一座灯塔。大家都很兴奋，先前弥漫的失落情绪一扫而光，甚至有人激动地大声喊了起来，因为看见了甜水井烽燧就意味着找到了悬泉置。据《道光敦煌县志》，甜水井烽燧建于清代，用黄土、芦苇、红柳和砂砾叠压夯筑而成，平面呈长方形。其北侧50米处有东西向排列的小烽火台4座，平面呈圆形，直径2.2—3.2米，面积28.16平方米，现在仍屹然挺立。在其东侧不远处，有一处三间平房和一块巨石，上面赫然写着"悬泉置遗址"五个朱红大字，格外醒目。千里赴约，几经周折，终于如愿以偿。

原来，这三间平房就是悬泉置文物管理所。平房内住着一对夫妻，丈夫姓史，肤色黝黑，妻子性情温和，夫妻俩常年驻守于此，看守悬泉置遗址。看到一下子来了这么多人，他们显得有些腼腆，但很热情，对于我们的诸多疑问，总是给予耐心的回答。史大哥告诉我们，东面连绵起伏的山丘才是真正的火焰山，刚才我们迷路的地方实际上是悬泉置遗址北临的西沙窝盐碱滩，与疏勒河流域汉代长城烽燧遥遥相望。当我们问及他们生活用水时，史大哥说平时用水有地下水，但极咸涩，饮用水要到火焰山深处的吊吊泉去拉运，由于路极难走，他们一次要拉两大塑料桶，足够吃一星期。

提到吊吊泉，还有一个颇为神异的传说。据《西凉录·异物志》载："汉贰师将军李广利西伐大宛，回至此山，兵士众渴乏，广乃以掌拓山，仰天悲誓，以佩剑刺山，飞泉涌出，以济三军，人多皆足，人少不盈，侧出悬崖，故曰'悬泉'。"《元和郡县志》、《敦煌录》S5448也有相似的记载。可见在人们眼中悬泉是个很神圣的地方，能在如此干枯寂静的地方有如此泉水流出，这本身就是一个足够令人惊异的事情了。要在如此枯寂的沙漠戈壁里通行，水源至关重要，悬泉的存在很好地保证了古时过往人员、牲畜的基本生存需求。可以说，正是因为有了悬泉，才有悬泉置的存在。无边无际的荒漠戈壁意味着危险与死亡，从而更加衬托出悬泉对于保障生命的意义。由于吊吊泉离此还有四五公里山路，崎岖难走，加之天气灼热，我们没有实地观看，颇感遗憾。

三、丝路瑰宝

我们向史大哥说明来意后，他爽快地带我们来到了悬泉置遗址。遗址四周已被铁丝网围护。待史大哥打开栅栏门后，眼前的悬泉置遗址还是让我们颇感意外。因为在之前到达的阳关、玉门关、汉长城等汉边塞遗址，尽管年代久远，都仍存有零星残垣断壁，可以让人依稀忆起当年的驼铃声声，号角阵阵。而我们眼前的悬泉置遗址，是1992年发掘之后为防止被盗取破坏而重新回填的遗址，除了标识当年悬泉置坞院建筑内外轮廓的木栈道和砖石线路外，已看不到任何历史痕迹。幸运的是，此处出土的两万多枚有字汉简以及数量众多的其他遗物，为我们认识悬泉置、研究汉代驿站文化提供了最可靠、最确凿的原始资料，也令我们对古代邮置的建置、分布、规模、格局、人员编制、车马数量、管理体制、功能作用以及它在国家社会中的角色等方面都有了更为直观和真实的认识。

根据《甘肃敦煌汉代悬泉置遗址发掘简报》❶，悬泉置占地面积22500平方米，由坞院、马厩和生活废弃物堆放区三部分组成。主体建筑坞院是50米×50米的正方形院落，坐西向东，门向正东开设，是一座带有对称角楼、高墙深院的土木小城堡。院内四周均建有各种不同规格的房舍，院外建有大型马棚。根据汉简的记载，悬泉置当时隶属于敦煌郡效谷县，全称应是"效谷县悬泉置"。办公人员有官卒徒御37人，传马约40匹，传车10—15辆，牛车5辆，下

---

❶ 何双全. 甘肃敦煌汉代悬泉置遗址发掘简报［J］. 文物，2000（5）：4-20.

设厩、厨、传舍、驿、置等机构，每一机构主官都称啬夫。主要职能，一是传递公文信件，也包括私人邮寄的信函和物品；二是接待东来西往的官员和行旅，不仅朝廷官员出使西域、公主出嫁和亲，而且西域各国包括中亚、西亚、南亚次大陆有关地区和国家前来中原进贡、受封、觐见、通使，都要在此歇脚、吃饭。像这样的驿置机构在当时的敦煌郡共有9座，从东到西依次是渊泉置、冥安置、鱼离置、广至置、悬泉置、遮要置、敦煌置、龙勒置、玉门置。

沿着木制的栈道，根据道旁路标指示，我们从东门进入，逆时针绕行，首先来到东北角墩，这是当时戍卒在此警戒值勤的哨所。坞院西南角也有同样角墩，互相呼应，呈对称状。东北角墩发掘时边长7米、残高1.2米，土坯筑成，呈方锥体。目前回填后表面覆盖沙砾土，已是一个小土堆了，在整个平面图上最为高耸。角墩外面是一片灰区，当看到指示牌上说"该区域未发掘，通过控制发掘面积，以原样保留遗址遗存"时，大家驻足良久，多么希望也能发现一枚珍贵的汉代竹简啊。

转过角墩向西走，左侧便是悬泉置著名墙壁题记《四时月令五十条》的出土原址。根据发掘报告，该题记的发现纯粹是一个意外，因为谁也不会想到倒塌的残垣断壁会有什么价值。当有人翻过一块残壁时，赫然发现印有文字，拼凑起来竟是与《礼记·月令》一致的五十条汉代生态环保诏书，共101行，1300余字。诏书文首是"大皇大后"（太皇太后）诏文，接下来是使者和中下发郡守的例言，按四季的顺序进行排列。这五十条均反映的是"四时之忌"，涉及在规定月份内禁止伐木、采摘、猎杀、打鸟、采矿等事项，还规定要按时修建水利、房屋、城廓、道路等设施，甚至连打雷时禁止怀孕都有规定。诏书分上下两栏书写，上栏是禁忌或注意纲目，大都来自《礼记·月令》，下栏则是对正文的解释和强调，可以看出《礼记》在汉代的重要地位。诏书时间是元始五年（5年）五月，即王莽加九锡篡汉的一年，大权在握的王莽以太皇太后的名义将诏书令行全国，即使地处偏远的悬泉置也要将诏书在墙壁上张榜公布，而且派使者督察，可见当时对生态环境的保护和监管的力度是非常大的。这个诏书可谓我国最早的"环境保护法"。

再往前走，登上一稍高的平台，看到坞院的北侧纵横交织着许多房屋遗址。根据发掘报告，坞院内沿坞墙四周均有房屋建筑，共27间。东墙下靠南2间和南墙下3间均已颓败。我们所处的北墙和东墙下房子较多，有12间，大小不一，多有套间，很有可能是招待宾客的传舍用房和办公用房。据出土简文，这里常驻人员37名，包括官吏、驻军、办事员和发配此地的刑徒等，他们所服务的对象主要是出入关塞的汉廷官员和西域各国使者。简文所载这里不同级别的人必须按规定住宿用餐、用车用马。如《过长罗侯费用簿》就详细记录了西汉著名的西域事务外交家常惠及其随行人员于汉宣帝元康五年（公元前61年）途经敦煌的饮食接待记录。分两栏书写，上栏说明出入食物的名称和数量，下栏注明物资的来源及支出情况。主食有粟、米，主菜有牛、羊、鸡、鱼，调味品有豉、酱，饮品主要是酒。值得注意的是，这些食物并不是货源充足，随用随有，而是大多"受县"，即从县里临时调运。所用酒皆为酒曲，还要加工酿滤，而且不见蔬菜记录，可见当时物资的奇缺。我们难以想象当时西域于阗国王、康居国王率领千人使团浩浩荡荡涌入悬泉置时的情景，37名置内工作人员要负责招待上千人的衣食住行，那该是何等忙碌的场面啊！

我们来到坞院西墙外面的栈道。栈道外便是悬泉置灰区堆积遗址，两万余枚带字汉简大多就是在这里出土的！悬泉置遗址最有价值、最有魅力的地方就是出土了2.3万余枚带字汉简以及4万余件文物，数量之大、种类之多，实属罕见。这些汉简从形制上来看，有简、牍、觚、检、缄、签、符、过所、两行等。考察团行程的最后一天在甘肃简牍博物馆看到真正的"两行"简文时，大家很是兴奋。简的中间有脊背，文字写在两边的坡面上，考古专家何双全说："这种形制的木简，过去无论在敦煌，还是居延，都很少见到，而悬泉则大量存在，这是一个新种类。"❶

从简牍时代上来看，悬泉置灰区面积较大，出土的汉简，最深的埋在地下1.3米深处，最浅的仅在0.2米处，时代序列清晰。考古专家根据堆积的地层特征，发掘时分了6个标准层，从上到下，一、二层为东汉中晚期，三、四层是汉宣帝、哀帝时期，五、六层归为汉武帝至昭帝时期。从各层出土的文物和简牍记载看，这里在宣帝和平帝时最为辉煌，东汉以后逐步衰落。

从出土的内容来看，首先是35000余枚汉简的惊世发现，悬泉置是继居延遗址之后汉简出土数量最多、内容最为丰富的遗址，不仅有诏书、司法律令、官府文书等官方类文件，还包括驿置簿籍、

---

❶ 何双全. 简牍·敦煌悬泉置汉简［M］. 敦煌文艺出版社，2004：223.

文化科技及其他杂事诸类；不仅包括2.3万多枚有字简牍，还有10份帛书、10张纸文书和一幅墙壁题记；不仅包括散见的简牍，还有12种比较完整的册书。这些文物，既为我们展开了一幅幅丝路华章的精美画卷，也见证了大汉王朝的威武和丝绸之路的兴衰。其中，除了上文提到的道里薄、食宿记录簿和《四时月令诏书》之外，还特别要指出的就是这些汉简中关于敦煌郡塞防建置、汉与西域诸国关系、天马西来、使者往来等内容的记载，都真实保存了悬泉置在汉代丝绸之路河西走廊上曾担负传递信息、接待官员、迎送过往使者作用的历史信息，同时，也从侧面见证了东西方以丝绸为媒介缔结的深厚友谊，正是在这个意义上，丝绸之路又被称为"对话之路""友谊之路"。

除简牍外，遗址中还出土了包括锸、锄、镰等生产工具，陶罐、漆耳杯等生活用具，铜质刀、镞等兵器，粟、麦、豆等农作物，箕帚、麻革等日用物品，笔砚、封印等文房用品等，共10余类，近100种。仅鞋类就有麻、毡、草、布、皮5种，其中的皮鞋是目前发现最早的鞋类遗物，让人不禁想到同时出土的帛书《元致子方书》中元殷殷嘱托朋友为自己代买皮鞋："愿子方幸为元买沓一两，绢韦，长尺二寸……沓，欲得其厚可以步行者，子方知元数烦扰，难为沓，幸甚幸甚。"需要特别提及的是，在这里发现的10张带字纸，是迄今发现的唯一写有字的西汉古纸，证实了中国在西汉时已发明了纸并掌握了造纸术的历史事实。

我们来到坞院的最南面，这里曾是一片较为开阔的马厩，外依南墙搭建，由东、西两部分构成，靠东一组分为前、后两间，靠西为一大通间，与西南角楼相连。马厩用土坯砌筑，发掘时厩内还残留部分木桩。这里当时正常豢养马40匹，专用于传递文件的车马为10—15乘。由于马车是驿置最重要的交通工具，因而马匹也自然是各驿站的生命线，每匹马都会得到精心饲养。这里出土的《传马名籍册》为悬泉置的每一匹马都建立了户口档案，详细记载了建始二年三月悬泉置传马的毛色、性别、年龄、身高、特征等内容，甚至还为他们取了非常好听的名字，如葆橐、黄爵、铁柱、完幸等。这里还专门设有马医院医治病马和处置死马，如编号I0314②：301的汉简便记载了厩啬夫成和遂两人为病马"鸿""杂诊"的内容，也可能因肺病严重没有医治好，反而引起了一场诉讼。传马有死亡的要及时上报效谷县，由县加以检验后将肉卖出，然后将所卖价钱及其筋、皮、角全部上缴。如因不及时而使死马腐臭，则令按未腐臭时价格赔偿。如编号I0111②：2简记载一匹名叫蒙华的传马在"建昭二年十二月丙申病死，卖骨肉，受钱二百一十"。可见，当时私人并没有对马的处置权。

汉武帝酷爱宝马，曾为获得大宛的汗血宝马不惜发动"天马之战"，围困大宛40余天，直至大宛求和，尽出其马供汉军选择。李广利挑取上马数十匹、中马以下3000余匹，率马而归。汉武帝见后大喜过望，写下《西极天马之歌》，并将大宛马称为"天马"。关于"天马"的记载，除《汉书》外，悬泉置汉简首次发现，简文是："元平元年十一月己酉□□诏使甘护民迎天马敦煌郡，为驾一乘传，载御一人。御史大夫广明，下右扶风，以次为驾，当舍传舍，如律令"（T0115④：37）。如今马厩内空无一马，留下的只有传说里那些遨游四海的天马，任凭人们天马行空地想象了。

坞院的东南角外，有一组建筑遗址，推测原应有房屋5间，很可能是当时门卫戍守住所，现在已回填平整，若不是有三处口字形泥砖标识，已看不到任何痕迹了。据悬泉置汉简所载置内严格的登记制度，料想当年来来往往的商旅、使者想要入住悬泉传舍，也必须在此出示"关照"，验明正身，方可进入，若伪造身份，想进来蹭吃蹭喝，恐绝无可能。

四、古道丽影

站在悬泉置遗址的最高处向北眺望，隐隐约约能看到，与现代化的柳格高速公路（柳园—敦煌—格尔木）并行，一条东西向邮驿古道的影子。《后汉书·西域传》云："列邮置于要害之路"，悬泉置位于敦煌与瓜州之间的百里无人区。因此处有生命最基本保障的悬泉水，由此开辟了驿道的新途径。遗址以北直线距离约40公里处为汉代长城，与边防线遥相呼应，形成相对独立的交通运输线。如果说长城沿线有自己军邮系统的话，悬泉置则是中西交通线上民政系统的邮驿节点。长路漫漫，驼铃悠悠，每当人们在这一沟通大汉帝国与西域古国的唯一通道上人困马乏之时，这里曾为多少使者商旅、游子过客及时遮风避沙、停泊歇息啊！

自张骞出使西域以后，汉王朝与西域诸国的联系空前频繁起来。汉朝采取"无取于彼"的政策，同时又加以武力的震慑，赢得了西域各地方政权的支持和拥戴，纷纷主动归附。各国国王、各级贵族，凡有条件者，皆纷纷遣使内属。悬泉置作为一所集多种功能于一体的官方驿站，经常接待来往西域的朝廷官员、使者和重要客人。在这条通道上，悬泉置汉简对西域诸国都有不同程度的记载，如"楼兰王以下二百六十人当东，传车马皆当柱敦"，说的就是元凤四年楼兰王带领260人到汉朝进贡，路过悬泉置，人马都予以安排妥当。柱敦，即马厩用于拴马的柱墩，相当于今天的"专用停车场"。再比如："二月甲午，以食质子一人，鄯善使者二人，且末使者二人，莎车使者二人，扜罙（于阗）使者二人，皮山使者一人，疏勒（疏勒）使者二人，渠勒使者一人，精绝使者一人，使一人，拘弥使者一人。乙未，食渠勒副使二人；扜罙（于阗）副使二人，贵人三人；拘弥副使一人，贵人一人；莎车副使一人，贵人一人；皮山副使一人，贵人一人；精绝副使一人。乙未以食疏勒（疏勒）副使者一人，贵（人）三人。凡卅四人。"据此简，"甲午""乙未"连续两天之内，悬泉置就接待9个西域南道诸国使者及随从的质子、贵人等达34人，可见这些西域国家与汉朝交流之频繁。又如"今使者王君将于阗王以下千七十四人，五月丙戌发禄福，度用庚寅到源泉"。据《汉书》载，于阗国当时共有3300户，19300人。于阗国王这次来朝要带领1074人的使团，规模可谓大矣，难怪这一次悬泉置的接待，仅用坏的餐具就有300多件。

悬泉置汉简关于西域诸国的记载，最为珍贵的是关于乌孙的信息。乌孙为西域最大国，有12万户，63万人口，游牧于天山以北，巴尔喀什湖以南，乌鲁木齐、玛纳斯以西，地盘最为辽阔。在两汉时期匈奴、乌孙、汉朝的三角关系中，乌孙的态度和向背举足轻重。如

《过长罗侯费用簿》记录了公元前61年长罗侯常惠及部属路过悬泉置消费酒、肉、鱼、米、豉、酱的情况。吏卒的身份有长吏、军候丞、司马、斥候、弛刑士等。路过的人数分别为12人、72人、75人、300人不等，这是汉朝派长罗侯常惠出使乌孙的生动记载。长罗侯常惠，先后六至乌孙，一伐龟兹，一生功业，主要在西域。这次出使，据张德芳先生考察，便是护送楚王刘戊的孙女解忧公主远嫁乌孙和亲之事。❶史载，解忧公主一生命运多舛。解忧公主在远嫁乌孙昆莫（首领）军须靡后不久，军须靡去世，按乌孙风俗再嫁军须靡之弟翁归靡。翁归靡又亡，三嫁军须靡之子泥靡。泥靡暴虐，号称"狂王"，后被翁归靡之子乌就屠取代，转归匈奴。甘露元年（公元前53年），在汉宣帝的支持下，册立解忧长子元贵靡为乌孙大昆弥，乌就屠为乌孙小昆弥，乌孙复归平稳。一年后，解忧两子相继病逝，上书直言"年老思土，愿得归骸骨，葬汉地"。据悬泉置汉简，甘露三年九月，解忧公主带着亲信，由龙勒入敦煌，经遮要、悬泉、鱼离、广至、渊泉，入酒泉郡，离家万里，转嫁多夫，痛失两子，坎坷一生，终归故土，正可谓"天若有情天亦老，人间正道是沧桑"。

除乌孙外，康居是丝绸之路上又一中亚大国，其地理范围包括今哈萨克斯坦和乌兹别克斯坦大部地区。但是正如美国著名中亚史专家麦高文所说："古代的波斯记载和希腊史家都忽略了他们。"❷唯一留下来的传世史料就是《史记·大宛列传》和《汉书·西域传》中的简略记载，不足以反映康居的全貌。悬泉置汉简

---

❶ 张德芳. 悬泉汉简中的中西文化交流［N］. 光明日报, 2016-10-13（11）.

❷ ［美］麦高文. 中亚古国史［M］. 章巽, 译. 北京：中华书局, 2004.

中就有近二十条关于康居的记载，而且还有一册完整的《康居王使者册》，弥足珍贵，实为两国互相往来时所发生的外交实录。比如"甘露二年正月庚戌，敦煌大守千秋、库令贺兼行丞事，敢告酒泉大守府卒人：安远侯遣比胥鞬罢军候丞赵千秋上书，送康居王使者二人、贵人十人、从者六十四人。献马二匹、橐他十匹。私马九匹、驴卅一匹、橐他廿五匹、牛一。戊申入玉门关，已阅（名）籍、畜财、财物。"从这份敦煌太守府发往酒泉太守府的平行文书来看，此次康居王所派使团从使者、贵人到从者，一共 76 人，随行大牲畜78 头。其中有贡献的马匹和骆驼若干，有私马、驴、驼、牛若干，前者是给朝廷的贡物，后者可能是使团人员自己的乘驾。至于牛，或可为沿途遇到困难时，以供宰杀食用。又如著名的悬泉置汉简《康居王使者册》则记载了汉康两国交往过程中的一次摩擦："康居王使者杨伯刀、副扁阗，苏薤王使者、姑墨副沙困、即贵人为匿等皆叩头自言，前数为王奉献橐佗入敦煌……"，因为西域使者所献的牲畜毛色与肥瘦与记录有异而上告至汉朝廷。简册中的康居国幅员辽阔，西起锡尔河中游，东至塔拉斯河，《汉书·西域传》载："康居国，王冬治乐越匿地。到卑阗城。去长安万二千三百里。不属都护。至（乐）越匿地马行七日，至王夏所居蕃内九千一百四里。户十二万，口六十万，胜兵十二万人。东至都护治所五千五百五十里。与大月氏同俗。东羁事匈奴。"《汉书·西域传》还记载："康居有小王五：一曰苏薤王，治苏薤城，去都护五千七百七十六里，去阳关八千二十五里；二曰附墨王，治附墨城，去都护五千七百六十七里，去阳关八千二十五里；三曰窳匿王，治窳匿城，去都护五千二百六十六里，去阳关七千五百二十五里；四曰罽王，治罽城，去都护六千二百九十六里，去阳关八千五百五十五里；五曰奥鞬王，治奥鞬城，去都护六千九百六里，去阳关八千三百五十五里。凡五王，属康居。"苏薤城即粟特城，唐代昭武九姓之"康国"。

总之，悬泉置汉简保留了大量西域都护府设立后直到西汉末年，西域三十多个国家前来京师路过悬泉置停留的珍贵记录。汉朝设置西域都护府总领西域，而对西域各国不采取内地的郡县制而"仍其旧俗"；在重要的战略地区驻兵屯田，以保障不受匈奴侵犯并负责地方治安；对大国如乌孙和龟兹辅之以和亲，结昆弟之好；注重汉文化与西域文化的交流，等等，对西域广大地区进行了有效管理。从汉简材料还可看出，西域各国通过频繁地来汉活动，依附感、归属感和向心力不断增强，他们需要汉王朝的强力庇护。史书的记载和出土汉简的佐证充分说明，西域都护府建立以后，汉与西域已完全形成一个统一整体。

五、可敬守护人

当我们回到管理所的时候，天气更炎热了，戈壁的热浪炙烤着大地，仿佛听见了沙砾爆裂的声音。有老师忽然从车上抱来了一个大西瓜，说是从瓜州带来的。大家手捧西瓜兴奋地交流着。史大哥告诉我们，他们夫妇俩已在这里工作八年了，平时很少有人来。目前国家已将悬泉置列入"一带一路"开发计划，要建成遗址博物馆、烽燧缩微模型、长途徒步营地等项目。还说，在这里并不觉得苦，习惯了就好了，这样的工作总得要有人干。夫妇俩浓重的西北方言流露着真诚和希望，黝黑的脸庞写满了善良与坚守。"须知道德无关锁，一闭乾坤一万年。"不论历史如何变迁，不变的是人们的纯朴善良。不论丝绸路上有多少关卡，卡不住人们对文明的渴望！

当我们离开悬泉置踏上新的征程时，蔚蓝的天空中飘荡着一朵白云，静谧而安详。

一凿百绘虔心，千窟万洞寄情
——榆林窟考察报告

刘雯*

2018年8月10日是河西走廊简帛出土遗址考察之行的第五天。上午参观了红西路军安西战役纪念馆后，我们便去参观著名石窟——榆林窟。榆林窟，又叫万佛峡，位于甘肃省瓜州县（原安西县）城南70公里处，当地人称"上洞子"。洞窟开凿在榆林河峡谷两岸直立的东、西峭壁上，因河岸榆树成林而得名；亦因窟内造像的表现内容和艺术风格与莫高窟十分相似，被称为敦煌莫高窟的姊妹窟，是敦煌石窟艺术体系的重要组成部分。榆林窟虽不似莫高窟规模大，但在壁画内容、艺术技巧、精美程度、保存程度等方面毫不逊色，引起考察团成员极大的兴趣和研究热情。

榆林窟现存有完整壁画的洞窟43个，其中东崖32窟、西崖11窟，保存有彩塑272身、壁画5650余平方米。洞窟的开凿年代已无文字可考，从洞窟形式和壁画题记推断，当开凿于隋唐之际。其

* 刘雯，济南大学文学院副教授。

后，唐、五代、宋、西夏、元、清各代均有开凿和绘塑，并进行过大规模的兴建。洞窟年代跨越唐代至清代1200余年，所绘壁画多为唐代至元代800余年的作品，内容十分丰富，有场面宏大的巨幅经变画，有形象生动的单幅佛像画，又有种类繁多的奇花异草、飞禽走兽和装饰图案；还有一定数量反映当时社会生活、生产、科技等现实的画面。

榆林窟现存最早的壁画是唐代的第25窟，其内有"光化三年"的题记。弥勒经变画、西方净土变、观无量寿经变、文殊变、普贤变、天王像等均精美绝伦，虽长年遭受自然剥蚀，遍体鳞伤，仍不失为敦煌壁画的上乘佳作。五代、宋代开凿的洞窟约占总量的一半，风格、布局、内容均承袭前代余绪，更有大量供养人像，形体高大、装饰精美，其题记为确定洞窟年代和人物身份提供了铁证。西夏和元统治时期，榆林窟壁画艺术又有了新的发展。受密教影响，壁画内容除了少部分仍沿袭前期外，各种形式的曼荼罗、水月观音、等身高僧像多了起来。第3窟壁画普贤变中还出现了"唐僧取经图"，这是作为绘画形式而最早出现的取经图作品。有专家进一步指出，玄奘后面跟着的正是孙悟空和白龙马，马背上的包袱鼓鼓的，似装着经书，表明这是完成取经、回到中原的场景。这一时期，榆林窟壁画表现出各民族艺术以及外来艺术之间相互影响和融合。

榆林窟的洞窟形制有三种类型：中心柱窟、穹窿顶窟、覆斗藻井窟。中心柱窟的开凿年代可能较早，后代多进行彩妆重绘；穹窿顶窟仅有第3窟和第6窟；覆斗藻井窟是榆林窟主要的洞窟形制，与莫高窟相比，其前有完整的前室和较为深长的甬道。

　　榆林窟的参观路线分为上下两层，每20位游客组成一个小队，由一名讲解员带领参观。相比莫高窟采用的录音讲解，榆林窟的讲解方式多了互动性和亲切性。为我们考察团做讲解的是敦煌研究院邢耀龙（微博名"榆林窟邢耀龙"），自称"90后的守窟人"。后来得知，这位邢耀龙竟是榆林窟的明星讲解员，多次主讲、录制敦煌学相关网络课程。他在讲解过程中风度翩翩，不拘泥于壁画内容，而是加入大量敦煌学知识和个人见解，听者颇有顿悟之感。

　　此次榆林窟考察，不以学界关注较多的第3窟、第25窟为重点，而是转向学界研究较少的洞窟展开，共详细考察洞窟6个。现按照参观顺序，将各窟的现状及壁画特点描述如下。

　　第11窟开凿于清代，嘉庆二十四年六月（1819年），距今刚好200年。该窟是一个典型的龙王庙，即求雨的场所。龙王塑像旁边塑有风伯、雨师、雷公、电母，属道家求雨的洞窟。然而，洞窟两旁的塑像却不见道家的身影，而是佛家塑像。塑像共18尊，正是十八罗汉像。塑像均为泥塑，技艺高超，线条流畅，采用阴刻手法，用凹进去的线条表现身上丝绸般的衣服褶纹和质感，达到栩栩如生的效果。塑像的眼睛至今仍黑亮澄澈，与其对视，似能看透观者的内心，散发着灵性的光辉。这是因为罗汉像的眼睛是用琉璃石装饰的，经过200年仍然熠熠生辉。罗汉像的情绪也被刻画得非常细致，每位罗汉的衣着、表情、性格，各不相同，突破了当时塑像的范式和固定的格式，表现出清代高超的艺术技艺，是清代绝无仅有的精品。

　　第13窟是距今1000余年的宋代开凿的洞窟。壁画是千年的宋代艺术，塑像是百年的清代艺术。该窟四壁都是非常经典的巨幅经变画，壁画中所绘鹿代表众生皆可听法。所谓经变画，就是把佛经绘成画给大家看。由于古代的佛经是从梵文译出来的，梵文奥涩难懂，于是古代的高僧就将梵文经变绘成图画进行宣教，这样那些看不懂梵文和看不懂汉文的劳苦大众通过看图画就能看懂佛经，佛教便成为一种非常浅易明白的宗教。通过这种方式，降低了传播的门槛，让更多的人可以进来，佛教才逐渐成长为中国第一大宗教。因此，真正的民间佛教传播方式除了开坛讲经之外，还有看着这些壁画讲经说法，普罗大众在图文并茂的说道之中深仰其理。洞窟四周的壁画绘制的都是同一个经文——《阿弥陀经》。

这些壁画的颜色是非常漂亮的绿色，都是原窟的颜色，未经后世修补。那么这些绿色为什么能够保存得这么好呢？因为这些绿色全部都是矿物质原料——孔雀石打磨成粉后创作出来的。敦煌壁画一般不用黑色创作，现今壁画上有许多黑团，是因为壁画原先的颜色是漂亮的白色，白色颜料中含有大量的铅，铅遇二氧化碳变黑所致。

第17窟开凿于唐代。唐代拥有雄厚的经济实力，因而所凿洞窟规模更大。第17窟内的唐代壁画位于墙壁内层，已被刮花，上面又重新绘制了回鹘壁画。这是典型的双层壁画现象，说明这一洞窟开凿于唐代、回鹘重修。而该窟最具特色的几身菩萨像，采用的是典型的宋代线描技法，表明壁画又经过宋代重绘。因此该窟经历了唐、回鹘、宋的历代重修。我们所看到的敦煌壁画，永远不是仅仅能看到的一层，它是代代积累、层层叠叠、多种文化交融的艺术形式。洞窟内有两幅经变画，画上出现了难得一见的黑色底子。众所周知，敦煌壁画一般不用黑色装饰，也不用黑色打底，那么此处为何采用黑色？因为这幅经变画的绘制不在西夏时期，而是回鹘时期。回鹘尚黑。因为回鹘既信摩尼教，也信佛教，而摩尼教的主色就是黑色，所以把经变画的主色涂成了黑色。这是全球保存下来的仅有的两幅底色为黑色的经变画。在洞窟的主室有一尊释迦牟尼佛造像，他是唐代的塑体，又经过历代重修，头部和手部都经过了修补，而且在清代重新上过色。周边壁画都是宋代壁画，颜色依然采用宋代常用的清亮的绿色来装饰，因此敦煌壁画中宋代壁画又称为绿壁画。洞窟顶部用绘画艺术画出了建筑中的梁和椽，整个洞窟看起来似乎是一个木构的大殿，一个用来做佛事活动的庄严场所。两边有两米宽的通道，似一个佛像观赏洞窟，信徒边走边观赏洞窟里的佛像，达到一种开路观瞻的效果。

第19窟开凿于五代，距今已1100余年。壁画虽有一小块脱落，但保留下来的壁画还是非常精美的。壁画的辅色是粉绿色，主色是红色，体现出活跃、热闹的壁画情绪。古代壁画创作，需要一个完整的情绪来主打整个壁画，壁画情绪的表达主要是通过颜色。比如，唐代壁画一般以大红色为主，展现出一种纷繁、热闹、开放的大都气势。到了宋代，是以绿色等冷色调为主，代表着宋代存天理、灭人欲的禁欲系心学理论。五代时期是一个承上启下的时代，它既有大唐红色的热烈气氛，又有宋代绿色的清亮风格，打造出一种不一样的艺术效果。《普贤菩萨出行图》，骑着六牙白象的普贤端坐于莲花座上，手捧琉璃钵，前部有一些飞天，她们拿着各色的乐器正在鼓乐；后部是随行的听众，整幅壁画构成一个欢愉的仙佛世界。东方药师经变是佛经壁画中常见的图像，这幅图中最有特色的是它所绘的建筑物，采用了近长远短的透视技法，整个壁画达到一种45°俯视的合理视角，再安排进人物和其他建筑，呈现一种非常合理的效果。透视技法是来自西方的艺术，但这种技法在敦煌壁画中也常见，在初唐时期就已经出现了。但后来透视技法在中国绘画中逐渐不再使用，因为后来中国绘画讲究意境，这种非常精工的透视技法并没有得到足够的重视。第19窟最重要的是供养人壁画，供养人就是修建洞窟的出资人，所以洞窟实际上是出资人的私有洞窟。供养人壁画为洞窟断代提供了最重要、最准确的信息。洞窟内绘制的诸多供养人中最著名的就是曹氏供养人。由于该窟的主要供养人是五代时期曹氏归义军的第四任节度使曹元忠，第19窟又被称作"曹家窟"。这身供养人像正是曹元忠的写实照，头戴展脚幞头，全身穿着绯红色圆领长袍，是非常常见的五代时期的官服礼制。腰间插着象牙做的笏板，整个面部的绘制技法来自天竺遗法——晕染法，层层叠晕，达到一种非常棒的晕染效果。曹元忠像是目前敦煌石窟中保留最完好的供养人像。对面是他的妻子翟氏，穿着典型的唐代长袖襦裙，这种长袖襦裙在《捣练图》《步辇图》中也十分常见。他们身边都带着自己的女儿或儿子，比如他的儿子曹延禄——第五任节度使。曹元忠像旁边用黑色毛笔写着"第十二窟"，张大千曾在榆林窟临摹壁画，并对洞窟进行统一编号，这几个字正是张大千先生的亲笔手书。

第21窟是历经1300余年的唐代洞窟，但现在窟内所见到的全部都是宋代壁画。据专家推测，这是一个祭祀的洞窟，用来供养窟主的灵魂。这个洞窟最具特色的是它的建筑特征——覆斗形殿堂石窟，顶部一个方形藻井，四周是斜坡面。这种建构方法可以把洞窟顶部的压力通过四个斜坡面转移到四周墙壁上，起到很好的抗震减压作用。这个洞窟曾遭受过7.6级大地震，仍完好无损，仅仅是掉了一点墙皮。覆斗形殿堂石窟的建筑，是仿照古代墓葬形制。第21窟墙壁上的壁画能够保持完好，依然鲜亮，甚至完全没有变黑，与洞窟前部有长长的甬道有很大关系。甬道就是洞窟温度和湿度的保持器，它能够让洞窟保持一种恒温恒湿的状态。洞窟顶部是一个密封的十字金刚杵，中间是一朵大的莲花，这正是净土信仰的展现——墓主死后，他的灵魂能够被供养菩萨持经诵念，能够经过超度，从这些图纹身上到达藻井的中央，这朵莲花就是西方净土世界的莲花化身。这样，墓主就洗涤了自己，进入西方极乐世界。这也是根据古代墓葬事死如事生的信仰，也是佛教受中国文化影响所发生的改变，是佛教的中国化，体现出中国文化兼收并蓄的性格，这种兼收并蓄让中国文化更加缤纷精彩。窟顶的藻井，在中国古代文化中是一个口子，它既是一个出口也是一个入口，它是混沌世界的出口，又是极乐世界的入口，这才是藻井的真正意义。

第5窟主要保存着释迦牟尼涅槃像，又称睡佛像，长11.7米，唐代制作。其制作技法是石胎泥塑。当时的工匠以山凿出大体轮廓，用粗泥把大体石裹覆一遍，再用细泥把五官细节雕琢完毕，最后敷彩上色。此塑像的含义是，释迦牟尼经过多年的苦修，终于摆脱了生老病死等苦难，达到一种永恒的状态。涅槃像嘴角微微带笑，仿佛不是生命的结束，而是重新开始。另外，佛像上原本是有颜色的，但20世纪初，榆林窟前面的榆林河暴发洪水，洪水漫过把颜色浸掉了。

参观了上述6个洞窟后，榆林窟考察也接近尾声。我们挥别了博学睿智的讲解员，开始对榆林窟的周边环境及其保护情况进行考察、讨论和思考。

考察团成员一边惊叹榆林窟壁画的精美绝伦，一边为这些古代壁画的易损、易逝而遗憾不已，其损害的不可逆性更是令观者痛心疾首。榆林窟遗址于1961年被国务院首批公布为全国重点文物保护单位。从1944年成立的敦煌艺术研究所，到今天的敦煌研究院，一直把包括榆林窟在内的敦煌石窟的保护工作当作首要任务来抓。石窟的保护工作牵涉很多复杂的问题，如工程地质及水环境、环境质量、风沙治理、崖体加固、壁画修复、客流量限制等均是石窟保护需要关注的重点问题。

第一，关于土遗址保护。榆林窟自开凿至今已有1000多年的历史，由于其场地的特殊工程地质条件，石窟围岩存在开裂塌陷、崖面风化、降雨入渗、冲沟发育等岩土工程问题。考察团成员在榆林窟随意可见斑驳脱落的岩体，深切感受到风沙吹拂的力度。在过去的30多年中，敦煌研究院曾做过一些保护工作，如填塞第25窟、第17窟窟顶戈壁上的两条大冲沟，支顶加固了第33—第36窟悬空的岩体等工作。随着科技的发展，新技术、新材料、新工艺不断涌现，土遗址保护措施逐渐走向完善，经验日丰，进一步有效缓解了榆林窟遗址岩体和地质环境问题，对于延长榆林窟的寿命、保护壁画具有重大意义。

第二，关于洪水防控。榆林窟地处河西走廊，属干旱少雨区。考察团所见榆林河仅河底部有河水流过，两侧淤泥颇厚。就是这样一个干旱少雨的榆林窟，却屡遭洪水侵害。据文献记载统计，从魏明帝青龙三年（235年）至民国三十八年（1949年），发生洪灾的年份有111年。其中清宣统三年（1911年）发生的洪水对榆林窟遗址造成了巨大的、难以补救的损害。当时，榆林窟前面的榆林河突发洪水，洪水漫过深深的河谷，涌进第一层洞窟内，水深达2.2米。由于清政府缺乏文物保护措施，窟内壁画及塑像长时间浸泡在水中，造成第5窟内释迦牟尼涅槃像身上的彩色颜料被浸泡脱落，第6窟内高1.3米以下壁画全部损失殆尽，东壁佛头北侧近10平方米的壁画脱落，南侧壁画酥碱并全部空鼓。那时，这些壁画尚未经过现代化照相技术进行拍摄和保存，故其原貌已不得而知。其他洞窟壁画亦遭受不同程度的损失，令人扼腕。

榆林河发源于祁连山西端的野马山和大雪山，是疏勒河的一级支流，主要以降水、冰雪融水和地下水为补给源。榆林河流域降水量小，蒸发量大，多年平均降水为59mm，蒸发量为1540mm，气候干旱。[1]但"气候异常波动或气候转型时期就会导致降水的分配变化，造成极端暴雨洪水和大洪灾的发生"[2]，加上河西走廊地区处于极旱荒漠带，地面植被条件差、覆盖率低，即便是小范围、来

[1] 叶鹏武. 瓜州榆林河流域沙害成因及防治效果分析［J］. 甘肃水利水电技术，2010（1）：64-65.
[2] 马玲，王乃昂，贾鹏. 甘肃瓜州榆林窟历史洪水及其重现期研究［J］. 干旱区研究，2018（2）：334-339.

势猛、历时短的暴雨洪水也会带来灾难性影响。因此，洪水防控工作是榆林窟遗址保护的重要工作之一。

第三，关于游客数量限制问题。榆林窟作为敦煌石窟文化艺术的代表之一，近年来也在不断发展和扩大开放规模，迎接更多的游客来了解榆林窟的石窟文化。榆林窟自对外开放以来，参观人数逐年增加，且游客参观时间过于集中，一般在每年7—9月、每天的中午时段，这样大量、集中的参观方式对窟内文物必然存在一定程度的损害。

古文化遗址具有先天脆弱性，一旦损坏，即使是最轻微的损坏，也是无法恢复，难以弥补。游客的触摸、呼出气体以及客流增多引起洞窟内湿度、温度的变化是造成莫高窟壁画褪色、起甲、酥碱、空鼓的主要原因。有了敦煌莫高窟的前车之鉴，榆林窟景区采取了相应措施进行预防。

据景区工作人员介绍，2018年7月以来榆林窟每日游客数量1100—1200人，基本达到榆林窟日参观人数高峰，如此，年参观人数可达5万人，有望创历史新高。在此形势下，榆林窟"旅游开发与洞窟保护"的矛盾也越来越凸显。简帛学考察团成员作为文化考古和简帛研究学界科研人员，深知遗址保护的重要性和紧迫性，一致认为，应当在一定程度上控制游客数量、避免过度增长。考察团成员纷纷献计献策，提出几点对策聊作参考。第一，根据榆林窟景区历年游客人数统计和国际文化旅游动态，提前预估游客数量，尤其是旺季游客数量，制定相应的应对措施。第二，借鉴莫高窟景区的限客方法，通过预约制、门票限量制、价格浮动等手段，对游客数量进行有效控制。第三，联合其他景区，加大淡季旅游的优惠力度，在一定程度上调节、疏导游客集中时段、集中地点的旅游方式，缓解景区压力。第四，关于壁画的修复与数字化传播的重要性。古代壁画自"重见天日"起，受窟内温度、湿度、风沙等环境影响，时刻面临脱落、起甲、变色等损坏，因此壁画的修复工作是敦煌石窟保护的重要工作之一。榆林窟第6窟、第25窟等洞窟均经过较为系统的修复工作。其壁画存在的问题主要是起甲、空鼓、酥碱等。空鼓指壁画地仗层局部脱离支撑体，但脱离部分的周边仍与支撑体连接的现象，所采用的修复方法是锚固、边缘加固、灌浆。所谓锚固法，即在壁画上开孔打眼。这种修复方法较为原始，甚至可称为破坏性保护，然而直到目前国内外壁画修复界还没有一套更为有效、更加成熟完善的空鼓壁画修复工艺可供借鉴。起甲指壁画的底色层或颜料层发生龟裂，进而呈鳞片状或气泡状鼓起、卷翘、破裂，甚至脱落。一般采用浓度较小的丙烯酸乳液反复注射，直至颜料层浸软，而后用自制的桃木刀、铁刀等轻轻回压，尽量使其归位并衔接自然。这种方法特别强调拍压时机，若拍压时间过早，药液尚未完全渗透，壁画碎块和颜料易粘在修复工具上；过晚则影响粘接效果。酥碱指由于水分侵扰，壁画地仗中的可溶盐，随环境湿度变化而溶解、结晶所产生的膨胀、收缩反复作用，使壁画地仗结构破坏而产生的疏松状态。对此，唯有在窟内不规则地打孔钻眼以增大洞窟的透气性，使窟内的水分尽快排出。洞窟壁画的病害种类多样、程度不一，情况极为复杂，即使是同一洞窟、同一病害，也需具体情况具体分析。且壁画修复对于修复者的经验、手法均要求很高，用力过大可能对壁画造成更大的损伤。因此，培养专业技术人才是榆林窟壁画修复工作面临的重要任务，也是以人力延续榆林窟壁画生命的唯一方式。除运用化学手段修复壁画外，将洞窟壁画与数字技术融合，对壁画进行数字化重构，也是保存榆林窟壁画全貌、扩大壁画传播领域、保护和再现文化遗产的新形式。古代壁画的数字化重构主要是运用VR技术，利用计算机设备模拟产生一个三维虚拟世界，提供用户关于视觉、听觉等感官的模拟，有十足的沉浸感与临场感。这是一种相异于传统物质壁画图像的存在，非物质信息以计算机为载体，使壁画图像从物质转向非物质的存在形态。

榆林窟壁画作为敦煌壁画的一部分，其数字化传播完全与敦煌壁画数字化融合在一起。敦煌莫高窟数字展示中心，通过数字技术向观众展示"数字敦煌"与"虚拟洞窟"的主题。通过互联网，使全世界的观众足不出户即可全方位、全景式地感受壁画魅力。"数字敦煌"在官网上展示部分洞窟的全景，用户既可以仔细观摩部分壁画，可以任意放大、缩小、转移；还可以通过晃动鼠标，跟随电脑屏幕箭头指向，走入洞窟内部，甚至可以转身观看洞窟的四壁、顶部。敦煌莫高窟数字展示中心还创制了《梦幻佛宫》球幕电影，500平方米超大球形荧幕、鱼眼镜头拍摄的180°超视角画面和全方位立体音响，使观众恍若置身于异彩纷呈的敦煌莫高窟中。美轮美奂的佛国世界和叹为观止的精彩景象带给观众强烈的视听震撼和艺术享受。榆林窟壁画便通过"数字敦煌"、以数字化的形式展现部分壁画。这种数字虚拟技术带给敦煌壁画的不仅仅是观者感受上的改变，更减少了很多洞窟景点的压力，对于保护和传承敦煌壁画也具有重要贡献。然而，目前可通过"数字敦煌"全景式参观的洞窟数量相比敦煌石窟的总量还只是很小一部分，榆林窟只有第3窟和第25窟实现了网络全景漫游。大量珍贵的洞窟及壁画尚未来得及拍摄和展示，仍需相关技术人员加紧工作进程，早日实现全覆盖。

由于参观时间有限，尚有多个珍贵洞窟未能亲身体验，怀着对榆林窟壁画的惊叹和遗憾，我们踏上了前往嘉峪关的路程。一路走，一路思索。榆林窟遗址承载着先人的智慧和经验，保留了先人的生活习惯和思想观念，是人类文化的宝贵遗产。在这里，历代先人的一锤一刀、一笔一色，绘制出精美绝伦、叹为观止的壁画艺术，传递出供养人的虔诚祈祷，寄托先人绵延千年的情思和期许，可谓一凿百绘虔心，千窟万洞寄情。观者通过壁画能够看得见大唐等时代那些精美的线条和辉煌的盛世，也能够感受到敦煌以及中国文化在丝绸之路上的包容、开放的盛大气势。榆林窟如同一部无字史书，使观者在观赏壁画中了解历史、尊重历史、共创未来。

踏迹金汤雄关，感触时代脉搏
——嘉峪关考察报告

汪梅枝*

2018年8月10日是我们河西走廊简帛出土遗址考察之行的第五天。按照计划，上午参观了红西路军安西战役纪念馆和榆林窟，中午在一家名为"马有布牛肉面"的面馆吃了来甘肃后的第三顿拉面。走出面馆时，正值午后两点，烈日当头，我们继续驱车赶往约250公里外的嘉峪关。

此地是由我负责向大家讲解，在老师们小憩的空当，我一边想着要讲解的内容，一边欣赏着沿途的美景。道路两旁的向日葵一畦畦整齐地排列着，像烈日下依然固守边境的战士；大片大片的花海随车疾驰而过，说不上是什么花，只见有黄色、粉色、紫色、白色，各色杂陈，给这片本来色调单一的大地带来五彩的装扮，一切顿生活泼与生机，也给这段足足三小时的车程带来别样的调剂。真

* 汪梅枝，聊城大学文学院副教授，硕士生导师，聊城大学简帛学研究中心成员。

希望这片绿色和生机有一天能遍布西北大地，处处是绿洲，处处是花海。

一、嘉峪关的得名及建关原因

嘉峪关，始建于明洪武五年（1372年），因建在嘉峪关西麓的嘉峪山上而得名，它比"天下第一关"——山海关早建九年。这里地势险要，南面是白雪皑皑的祁连山，北面是连绵起伏的黑山，两山之间，只有15公里，是河西走廊西部最狭窄的地方，被称作"河西第一隘口"。

关西的大草滩，黄草平沙，地域开阔，素为古战场，关东是丝路重镇酒泉，紧靠关东南坡下，有著名的峪泉活水——"九眼泉"。我们一行是自东往西进入关城的。首先令我们驻足的便是"九眼泉"这一汪清澈的湖水了，白云绿树倒映其中，湖水周围的草木郁郁葱葱，生机无限。数字"九"代表多，此泉冬夏澄清，终年不竭，可供人马饮用，并可灌溉良田。据说当时的西征大将军冯胜在平定河西班师凯旋途中，就是被嘉峪山下的这处泉水所吸引，从而在此设关建城，当然，其险要的地理位置也是吸引大将军的原因。也就是说，其优越的自然条件和险要的地理位置是汉人建关于此的主要原因。《秦边纪略》记曰："初有水而后置关，有关而后建楼，有楼而后筑长城，长城筑而后可守也。"早在汉代，就在距关城北7里的石关峡口设有玉石障，依山凭险，设置防守。据史料记载，明代以前，这里一直是"有关无城"。泉水东边矗立着冯胜将军威武的雕像，他身披战袍铁甲，仗剑跨马，手指前方，似在指挥铁骑勇士奋力搏杀，又似在告诉将士，他们已顺利凯旋，汉庭家乡就在眼前。他胯下的战马健硕昂首，与将军浑然一体。

二、嘉峪关防线营造及主要建筑形制

嘉峪关城是明长城现存关隘中保存最完整的一处，结构层次分明，关城坐东面西，西侧为迎敌面。嘉峪关关城有三重城郭，多道防线，城内有城，城外有壕。整个建筑从内至外由内城、瓮城、罗城、城壕形成重叠并守之势。关城两翼的城墙横穿沙漠戈壁，向北8公里连接黑山悬壁长城，向南7公里连接"天下第一墩"讨赖河墩，全长约60公里。

讨赖河墩，也称长城第一墩，明嘉靖十八年（1539年）由肃州兵备道李涵监筑。墩台矗立于讨赖河边近80米高的悬崖之上。它是明代万里长城从西向东的第一座墩台，是明代长城的西端起点，也是嘉峪关长城防御体系的重要组成部分，更是长城沿线建筑规模最壮观、保存最完整的一座古代军事关隘。嘉峪关长城第一墩与山海关渤海之滨的"老龙头"遥相呼应，共同构筑起中华长城"龙"的首尾，成就了中华民族"龙"的美名。讨赖河墩，是关南最主要的一座墩台，在明清时期担负着传递关南及祁连山诸口军事信息的任务，当时设有坞、驿马、驿驼、食宿、积薪等物，配备有一定数量的守兵。所以，讨赖河墩是明清嘉峪关军事防务的重要据点。

悬壁长城距嘉峪关市北8公里处石关峡口北侧的黑山北坡，是嘉峪关西长城的重要组成部分。明嘉靖十九年（1540年）由肃州兵备道李涵监筑完成。悬壁长城城墙陡峭直长，气势雄伟，垂若悬臂，有"西部司马台"之称。另有断（暗）壁长城，居于黑山峡口之南，为东西走向。这两条长城形成拱卫之势，共同扼守黑山峡口。

在这条绵延60公里的防御线上，每隔15公里筑一方形城堡，南面开门，驻兵防守；每5公里设土筑圆锥形墩台，设卒守望。在这条防线上有长城城台、墩台六十余座，堡城星罗棋布，形成"五里一燧，十里一墩，三十里一堡，百里一城"的防御体系。所以，至明朝，通过这些林立的墩台和堡城传递军情更为准确及时。记得著名长城研究学者罗哲文先生曾经吟咏："嘉峪关，雄险画皆难，墩堡遥遥相互望，长城道道连关山，猿臂也难攀。"因时间紧张，讨赖河墩和悬壁长城未曾亲见。我们只能借罗先生这些生动的描述在脑海中勾画当年墩台林立、纵横交织、雄奇险峻的边塞防御体系了。

至明代万历时期，明朝经营了200多年逐步建立的嘉峪关防线，作为明朝最西端的防御体系，是世界上利用天堑最经典的国防工程。它最大的特点是充分利用得天独厚的讨赖河峡谷、黑山、新城草湖天险，长城、墩台、营堡倚凭天险而设，在这个狭小的区域有如此众多的国防设施和军事工程，世所罕见，充分证明这里曾经何其重要。在河西和中亚范围再找不到这样一个地方适合建立成本最低（戍守成本最低）、效率最高的国家防御工事。嘉峪关正是这条防线上最重要和最引人关注的关隘。

嘉峪关平面略成正方形，西墙长166米，东墙长154米，南北墙各为160米，周长640米。现存关城总面积25000余平方米，除了外城墙上的箭楼、东西瓮城外，还在内城墙上建有敌楼、角楼、阁楼、闸门等共14座，关城内建有游击将军府、井亭、文昌阁，东门外还建有关帝庙、牌楼、戏楼等。嘉峪关的选址、规划、平面布局及各附属建筑的结构与形式都充分满足了防御功能的需要。

1.嘉峪关城墙

嘉峪关城墙的修筑经历了漫长的过程。从明太祖洪武五年（1372年）冯胜初筑土城，至明世宗嘉靖十八年（1539年）尚书翟銮加固关城、修筑两翼长城，前后有160多年的时间。今内城城墙高9米，加垛墙1.7米，总高10.7米。城墙上下明显不同，6米以下多为黄土夯筑，6米以上外侧以土坯垒砌，中间用砂石混合黄土填充。6米以下的城墙即当年初筑的土城基础，历经600多年，墙体虽有剥落，但大部分仍然完整牢固。相传，修筑城墙用的黄土，都是经过认真筛选和加工制作的，要将选好的黄土放在青石板上，经烈日烤晒，将草籽晒死，这样筑墙之后就不会滋生杂草并保持良好的黏合性。

我们沿着九眼泉边的石子路右行，只见绿茵如盖的垂柳林立路边，它们或许是当年左宗棠将军率领湖湘子弟所栽的"左公柳"吧。走在柔密浓厚的树荫之下，丝毫感受不到西北夏日的酷热干燥，此时真真切切体验到"前人栽树，后人乘凉"的真意，难怪当时即将继任陕甘总督的杨昌浚作《恭诵左公西行甘棠》赞誉道："新栽杨柳三千里，引得春风度玉关。"经过嘉峪关的东闸门，闸门上有一单檐歇山顶式门楼，门楼居高临下，面向关内村镇，是古代出入关城的必经之门。过了东闸门才算真正进入关城。我们先来到外城的城墙处。关城的东、南、北三面均有外城，与西面的罗城相接，把内城包围其中。南北城墙均与长城相连，南北两侧的外城城墙与内城城墙平行，中间夹道可通车马。东侧沿嘉峪山山冈环绕成一个不规则的长方形广场，广场内曾建有街道、驿站、店铺、庙宇等，现仅存东瓮城附近的文昌阁、戏台和关帝庙。外城城墙全长1200多米，现残高近4米，基厚2米左右，所以墙体还是很显敦厚坚实，今人虽有修缮，但依然保持了当年的屏障雄姿。我们所在的位置是外城的北城墙，只见它一直向西延伸，与南北两翼长城相连。就是在这条防御线上，长城城台、墩台、堡城星罗棋布。面对如此高大坚固的城墙和如此健全的外围防御体系，当年曾经试图入侵中原的蒙古铁骑也会思量再三吧！

2.文昌阁、关帝庙和戏台

随着人流，我们来到紧靠东瓮城的文昌阁、关帝庙和戏台。文昌阁始建于明代，原在内城之中，清道光二年（1822年）重建时迁于外城。在明清时期文昌阁是文人墨客吟诗会友、读书作画的场所，到了清代末年成为文官办公的地方。关帝庙，始称武安王庙，明之后称关帝庙，供奉武神"关圣帝君"。正德元年（1506年）初建，后经历多次扩建和修缮，其中，1998年由嘉峪关关城文管所自筹资金70万元进行的重新修复使关帝庙恢复了明清时的风采。现在看上去，在阳光的照射下，18根廊柱色彩明亮，以孔雀蓝为基调的廊檐参差错落，四面的花格门窗图案灵动精致，一切都是焕然一新的样子。

时间紧张，我们只在戏台那里逗留观望了一会儿。戏台是清乾隆五十七年（1792年）由嘉峪关游击将军袋什衣主持修建，是当时守城官兵、城内居民及过往商旅的娱乐场所。最吸引游客的是戏台中央屏风上绘制的人们熟知的"八仙"人物图。戏台顶部为中国传统图案"八卦图"，两侧是一组风情壁画，内容是寺庙的和尚、尼姑庵的尼姑及其豢养的宠物，这些绘画内容在其他戏台上非常少见。戏台两侧书写有对联——"离合悲欢演往事，愚贤忠佞认当场"，此联既概括了戏曲演出场所的功能作用，又巧妙地表达了古往今来人间世事的风云变化。

3.瓮城

瓮城，又称月城、瓮门、曲池、回门等，宋曾公亮《武经总要·守城》："城外瓮城，或圆或方，视地形为之，高厚与城等。"瓮城是古代城池中依附于城门，与城墙连为一体的附属建筑，多呈半圆形、方形或矩形，是古代城池的建筑特色和防御系统之一。瓮城的得名缘由，一是其形状似瓮，二是取"瓮中捉鳖"之意，作为主要的防御建筑，当敌人攻入瓮城时，将主城门和瓮城门关闭，即可形成"瓮中捉鳖"之势。瓮城的出现是古代战争频繁的产物，也是古代积极防御军事思想的体现。城门是城池防守与进攻的关键之处，瓮城的出现可以从正面屏护城门，做到双重保险；同时，它又限制和改变了敌人的进攻方向，进而形成四面夹击之势，给入侵者以致命性打击。先秦文献典籍中并未出现"瓮城"一词。日本学者田中淡认为《墨子·备城门》中所说的"郭门"是瓮城的雏形。❶《诗经·郑风·出其东门》："出其闉阇，有女如荼。虽则如荼，匪我思且。"毛传："闉，曲城也。阇，城台也。"孔颖达疏："闉是门外之城，即今之门外曲城是也。"马瑞辰通释："阇为台门之制，上有台则下必有门，有重门则必有曲城，二者相因。'出其闉阇'谓出此曲城重门。"孙机更进一步指出，《诗经》中的"闉"类似今日所说的瓮城。❷根据考古发掘到的先秦时期的城址，多数学者认为，山西垣曲商城城门处出现的夹墙设施，可视作古代瓮城的早期雏形。❸还有学者认为，就其起源，甚至可追溯到仰韶文化晚期郑州西山城址北门外的护城墙。❹汉简中也有将瓮城称为"回门"的记录。❺我们去过的瓜州锁阳城遗址，据相关材料显示就有4个瓮城。❻宋代的官修军事著作《武经总要》中第一次出现了关于瓮城的明确记述，书内还绘制了详细的瓮城图，标志着我国古代瓮城筑造技术的日臻成熟。北宋东京城瓮城形式多样、种类丰富，不仅开了我国古代都城大量使用瓮城的先河，而且使瓮城在之后的城池建筑中普遍使用。明清之际，瓮城已成为各地修筑城门的定式，明清时期的古城如北京、南京、西安、成都、开

❶ ［日］田中淡.《墨子》城守诸篇研究［J］. 中国史研究，1991（1）：112-124.

❷ 孙机. 汉代物质文化资料图说［M］. 北京：文物出版社，1991：67.

❸ 刘春迎. 北宋东京外城上的瓮城及其形制考略［J］. 河南大学学报，2017（5）：91-97；郑祎. 先秦至宋代的瓮城演变初探［J］. 宁夏大学学报，2017（5）：98-103.

❹ 国家文物局考古领队培训班. 郑州西山仰韶时代城址的发掘［J］. 文物，1999（7）：4-15.

❺ 甘肃居延考古队. 居延汉代遗址的发掘和新出土的简册文物［J］. 文物，1978（1）：1-11.

❻ 李传珠. 锁阳城遗址述略［J］. 丝绸之路，2011（18）：5-6.

封、平遥等，普遍建有瓮城，并且形制更趋多样，如明代南京城中的内瓮城、船型瓮城等。

嘉峪关东西两瓮城均成长方形，长约33米，宽约23米。城墙外设垛墙，内设宇墙，与内城墙同高，相互衔接。东瓮城门楣额刻"朝宗"两字，表示过往朝廷官员虽远行极边，但仍不忘朝廷和君王，所以此门称"朝宗门"。与此相对的西瓮城，门楣额刻"会极"二字，意即从西域来的贡使、商旅，亲善友好地在这里相会，从这里经过，向中原王朝朝贡。东西瓮城都劈门南向，不与内城门直通，布局森严，使关城更加肃穆幽深，成为内城的另一道防线。我们一行人来到东瓮城内，蔡校长戏说，我们攻进城了，但也被"瓮中捉鳖"了。抬头望着四周高约10米的宽厚的城墙，遥想当年费尽九牛二虎之力才得以攻城而进的敌兵，本以为胜利在即，但看到四周高耸的围墙，还有城墙上严阵以待的守城兵将，在进退两难中，他们该是多么绝望啊！真是佩服古代兵家和建筑师的聪慧，这种建筑既是军事上的强大防线，又对敌方心理造成巨大打击。

4.光化门、马道、光化楼

东瓮城西面的光化门是内城的东门，门额上刻"光化门"三字，它面向东方，意为紫气东来，光华普照。砖砌拱券门洞，深约21米，宽4米有余。门洞中安铁皮包钉黑漆双扇大门。门洞的地面由巨大的石条铺成，它们形状规则，以长方体居多，大的长约1米，宽约0.3米，因为深埋于地下，不清楚其高度，很多石条的表面已凹陷，整个地面有明显的车辙印记，见证着人来车往和关城的百年沧桑。据史料记载，这些石条采自黑山，在恶劣的自然环境下，在无机械辅助的条件下，完全靠人力搬运去建造如此坚实的道路和城池，真是难以想象，所以现在还流传着"冰道运石""山羊驮砖"的故事，这些故事的背后蕴含的是人们对古代城池建筑和古代工匠智慧的赞誉之情。

过了这道深邃的门洞才算真正进入内城。"击石燕鸣"处是游客驻足最多的地方。相传，古时有一对燕子筑巢于嘉峪关柔远门内。一日清早，两燕飞出关外觅食，日暮时，雌燕先飞回巢，待到雄燕飞回时，关门已闭，不能入关，雄燕遂悲鸣触墙而死，雌燕为此悲痛欲绝，不时发出"啾啾"的燕鸣声，一直悲鸣至死。两燕死后其灵不散，每当有人以石击墙，就能听到"啾啾"的燕鸣声，似乎在向人倾诉悲情。古时，人们把在嘉峪关内能听到燕鸣声视为吉祥之兆。将军出关征战时，夫人就击墙祈祝，后来发展到将士出关前，带着眷属子女，一起到墙角击墙祈祷，以至于形成一种风俗。好奇心的驱使，游客们都纷纷拿起石头击打墙体，看看是否真能听到燕鸣的声音。为了保护城墙墙体，景区特在旁边设置一块巨石供人敲击，可能是因为敲击巨石无效，很多人还是会击打城墙试听，结果墙体上留下了三五处很深的凹洞。传说而已，不足为信，我们应该提高对城墙的保护意识，不能因好奇而伤了古迹。如果来到此处的游客每人都去敲击墙体，不久之后，这面城墙将洞穴斑驳，其状甚惨，所以，文物保护靠自觉，更需要管理部门的妥善治理。透过这个"击石燕鸣"的悲怆故事，我们更应该看到的是其背后隐含的历史：这是旧社会嘉峪关前一幅幅离别远行的情景，将士出关征战，亲友远离故土，女儿远嫁外族，离别亲人，远赴大漠边地……此中的满目凄凉、悲惨万状，怎是我们这些幸福的今人能真切感知的呢？这正如当时的民谣所言："一出嘉峪关，两眼泪不干。向前看，戈壁滩；向后看，鬼门关。出关容易进关难。"前路未卜，生死难料，怎能不悲伤惆怅？

城门内北侧有马道通往城楼，因将士骑马上城而得名，其主要功能是运送兵力、运输粮草和武器。马道紧贴城墙通达墙顶，斜坡长22米，宽3米，青砖铺砌，外侧设女墙。在敌兵攻城时，可从马道将滚木、礌石、滑车等顺势推下，重创敌人。由于时间久远，原有的青砖已残损严重。现在为了保护马道，又便于游人行走攀爬，在靠近城墙的外侧修筑了台阶。

沿着马道台阶，我们登上了光化楼。此楼建于明正德元年（1506年），由时任肃州兵备副宪李端澄主持修建，与西面的柔远楼一起于次年二月落成。两楼形制一致，楼高17米，为三层三檐木结构楼阁。底层面宽五间，进深四间，立红漆明柱12根。一、二层外围设回廊，楼内有木制台阶楼梯，可供登攀。三楼四周均装隔扇窗。楼顶为歇山顶式结构，脊装兽形瓦。老师们对这种建筑风格都很感兴趣，我之前查找资料得知，歇山顶又名九脊顶，即一条正脊、四条垂脊和四条戗脊，天安门、故宫的太和门、保和殿等古建筑大都是这种风格，它通过九条屋脊的连缀组合使屋顶呈现出错落有致、层次灵动的韵致。三楼面东的门楣上挂着"天下第一雄关"的匾额，原本这几个字是收复新疆的左宗棠将军所书，想来左将军在书写此匾时内心一定是充满着征战西北的豪迈气概的，他和将士们也必是抱定与沙俄决一死战的信念出征伊犁的，否则他怎会让士兵抬着自己的棺椁出关？正是这种气势和胆魄使沙俄通过谈判与中方签订《中俄伊犁条约》，将伊犁归还中国。只可惜这块匾额后来不慎损毁，现在这个匾额是后人复制。左公所书的匾额原也不在此楼，而是挂于嘉峪关西门关城城楼。

光化楼精雕细刻，五彩妆成。楼阁第一层为砖木结构，第二、三层是木结构榫卯咬合而成，虽经历了500年的风风雨雨及地震等自然灾害，仍巍然屹立于关城之上。站在城楼四望，城内的演武场、游击将军府，城外的瓮城、文昌阁、关帝庙，近处的角楼、敌楼、箭楼，远处的大漠、草木、羊群、河流，周围的一切尽收眼底，果真是"河西第一隘口"。

5.女墙、角楼、敌楼

我们沿着南半部的城墙一路走来，看到女墙和巡道均用规则的方砖砌筑和铺设。巡道不宽，仅供四人并排。女墙指建在城墙顶部内外沿上呈凹凸形状的薄型挡墙，缺口处多作射孔，可御敌。女墙的得名之由，《释名·释宫室》云："城上垣曰睥睨，言于其孔中睥睨非常也，亦曰陴。陴，裨也，言裨助城之高也。亦曰女墙，言其卑小，比之于城，若女子之于丈夫也。"意思是说，其与高大的城墙相比，极为卑小，就如弱小的女子之于大丈夫一般，故称女墙。女墙又称"睥睨"，其得名缘由，一种观点认为是"睥睨"的词义引申。睥睨本义是斜视，后引申为窥伺、侦查，再之后就有了女墙义，即"言于其孔中睥睨非常也"，清代杨伦《杜诗镜铨》引

《古今注》："女墙，城上小墙也，亦名'睥睨'，言于城上睥睨人也。"但是也有文章说女墙的睥睨之名在于其形制的矮小，而与看视无关❶，孰是孰非还有待进一步讨论。建在城顶内沿的女墙也称宇墙，建在城顶外沿的女墙也称垛墙。嘉峪关城墙外侧的垛墙，高约1.7米，用砖包砌。上有垛口和射口，垛口间设有瞭望孔，它们规则有序排列，从瞭望孔往南眺望，视野毫无阻挡，开阔至极，近处苍翠葱郁的树木和远处连绵起伏的祁连山脉尽收眼底，这就是城墙简单而有效的瞭望防御系统。西侧垛口之间还设有灯槽，每个灯槽下设一斜坡式射击孔。灯槽深24厘米，口宽27厘米，高39厘米，可以保护放在其中的夜灯不被风吹灭，利于照明和夜间作战。看到这些，我们不禁要为古代城楼的设计者和建造者点赞。

在城墙的四角有角楼，也叫"戍楼"，形如碉堡，是守城士兵值勤放哨的地方。角楼为两层单间式，用砖砌成，楼高5.4米，楼顶无脊，建有平台，平台上周设有垛口，其中一面有砖砌拱券小门，另三面开窗。楼内有一木梯，可登上平台。南北城墙的中段分别筑有南敌楼和北敌楼，是突出于城墙外侧的建筑，具有军事防御和进攻的作用，也是士兵在城墙上巡逻时休息和放置兵器的设施。四个角楼间隔有序、对称地出现在城楼上的不同位置，两处敌楼南北遥相呼应，让我们再次感受到嘉峪关严整有序的强大防御体系。站在高高的城墙上，可以清晰地看到东边的光化楼与西边的柔远楼遥遥相望，均巍峨挺立于关城之内，气势恢宏。东西二楼与嘉峪关关楼

---

❶ 牛尚鹏. 女墙何以称为"睥睨"［J］. 励耘学刊，2011（1）：225-230.

在东西走向上成"三楼一线"式布局，再次展现出古代城楼建筑规整有序的特色。

6.罗城

柔远门是内城的西门，门楣额刻"柔远"二字，意思是明王朝对边陲（关外）各游牧民族实行怀柔政策，安抚边远地区，以实现长治久安的治国方略。过了柔远门又进西瓮城，再次体验被"瓮中捉鳖"的感觉。赶路匆忙，忘了去看看那块放置在西瓮城门楼后檐台上的"定城砖"，直到在嘉峪关长城博物馆前看到易开占的石像时才想起。旅途总有遗憾，唯有遗憾才更值得追忆。据相关研究成果得知，西瓮城与罗城之间原有一座木制的"天桥"相连，以便于战时兵备的输送，现已无存。❶因关西面敌，防务最重，故在关城西侧、西瓮城外20米处又加筑城墙一道，构成"凸"字形的重关，名为罗城。罗城初建于明弘治八年（1495年），由肃州兵备道李端澄主持修建，嘉靖十八年（1539年）用砖包砌。罗城的南北两端建有箭楼，楼高近6米，是观望关西、关南、关北烽火的设施。罗城两端与外城墙相接，外城墙又与关城南北的长城相连，形成严密的防守。作为迎敌的第一道防线，罗城及周边建筑也可称得上是森严无比了。

---

❶ 刘碧娇. 明长城肃州路嘉峪关防区军事防御体系研究［D］. 天津：天津大学，2012.

三、明清时期嘉峪关的职能及演变

我们由会极门出西瓮城便身居外城了，但这还不算真正地出城出关，最后一关才是最重要的，即嘉峪关城。过去进出关口都要有通行凭证，为了让游客了解通行凭证的重要性，在嘉峪关城的内城城墙旁的宣传栏上张贴着关于"关照"名称更迭的介绍文字。"关"的本义是门闩，引申为关塞，"照"是公文、证件，"关照"即出入关塞的通行证件，其作用相当于现在的"签证""护照"。由夏商周的"牙璋""圭璋"，到春秋战国、秦汉时期的"封传""符节"，到唐代的"通关文牒""过所"，再到宋代演变为"关引""符牌"，元代为"勘合""公验"，后到明代"关照"一词的首次出现，最后是清代已含有现代意义的"护照"，在这些历经千年繁多的名目更迭中，在其材质由石、铜、竹、木到纸张的替代中，在其制作方式由刻铸、手写到印刷的更新中，我们看到的不仅是通行凭证的重要性，更是嘉峪关在古代西北交通、军事、商贸等领域的不可或缺。

据史学家考证，明代的嘉峪关是最初使用"关照"的地点。由于嘉峪关地处咽喉要塞，作为"边陲锁钥"，也曾是丝绸之路的海关、中西往来的门户，因此出入嘉峪关的手续极为严格，必须持有"关照"方可通行。关照的种类很多，屯民、戍卒、谪官、遣犯、商旅、僧侣、使节等各持不同规定和要求的"关照"。

作为明长城最西端的边防重镇，被时人誉为"河西第一巨防"，嘉峪关的主要职能便是军事防御，抵御外敌入侵。但是作为毗邻西域的边关，嘉峪关又在控制和管理西域各国贡使、商旅进出往来方面发挥着重要作用，维持和保护着西域诸国与中原的朝贡和贸易活动。冯胜平定河西之后，明政府为了加强对西北游牧民族的管理，同时为了保证西域和中原商旅使臣的安全，在嘉峪关以西设立了"关西七卫"，这种具有羁縻性质的卫所，是明王朝的西陲屏藩，通过与七卫的朝贡关系，既加强了对嘉峪关以西至哈密的统治，又保证了丝绸之路的安全畅通。所以，明前期西域诸国与明朝的朝贡贸易频繁，"仅永乐年间（1403—1424年）就达47次，平均每年近2.3次"。❶在互市贸易中，既有官市又有私市，可以随时随地进行贸易活动。但是这种情形随着吐鲁番部的崛起而发生了改变。从明成化九年（1473年）开始，吐鲁番多次侵占哈密，引发哈密之争。最终，明廷撤七卫，实行划关而治的政策，并且对嘉峪关进行整修、扩建，逐步建立完善而强大的防御体系。这样，嘉峪关变身为重要的军事防御边关，并大修长城。古代西北边疆沿线的各个关隘对进出人员本来就有较严格的审查制度，至此时的明代，在嘉峪关这个特殊的关隘，更是加大了对进出关城人员的盘查审核。"西域使团到达嘉峪关后，要接受官兵查验，如使团人数、时间与所持勘合相符，则予以造册放行；若不相符合，则不予办理入关手续，即便缺一人，也不允许整个使团入关。"❷明王朝严禁零散商

---

❶ 孙占鳌. 嘉峪关与明代丝绸之路贸易［J］. 甘肃广播电视大学学报，2017（2）：1-5.

❷ 孙占鳌. 嘉峪关与明代丝绸之路贸易［J］. 甘肃广播电视大学学报，2017（2）：1-5.

人进关朝贡，"西域商人若想通过丝绸之路前往明朝从事合法的贸易活动，就必须设法加入与明朝有朝贡关系的某国使团之中，而一旦加入某国使团，通常以该国使团首领仆从的身份进入嘉峪关。同时，如果西域贡使随意改变前往明朝的路线，即不从嘉峪关入境的话，则被视为非法而受到禁阻"。❶另外，西域贡使离开河西走廊时，同样要受到严格的检查："中国的例律要求造册登记他们以及同伴们的名字和身份，这一条例对于离开中国领土和进入中国领土一样适宜。"❷所以嘉峪关作为咽喉要地，"边陲锁钥"，加之明代的"闭关锁国"政策，进关者如果没有明确的身份核实，想要进关如同登天一般，否则当年的葡萄牙人传教士、探险家鄂本笃也不会在嘉峪关外苦苦等候近一个月才得以进关，而后又因明朝严苛的朝贡制度被困肃州（今酒泉市所辖肃州区），虽最终等来了利玛窦为其争取的使团名额，但终因病入膏肓而客死于此，未能亲眼见到他一直梦寐的"契丹"。设立严苛的出入关手续及朝贡制度的目的在于检查贡使的身份，同时查验其带进带出的物品是否违禁，这在一定程度上保障了河西的安全与稳定，结果却使自由繁荣的边境贸易逐渐走向萧条，延续1600多年的丝绸之路逐渐衰落。

清代以来，作为咽喉要地的嘉峪关，其职能经历了一个发展演变的过程。以乾隆二十四年（1759年）新疆统一为界，其演变过程

❶ 田澍. 明代河西走廊境内的西域贡使 [J] 中国边疆史地研究，2001（3）：12-19，115.

❷ ［法］阿里·玛扎海里. 丝绸之路：中国—波斯文化交流史 [M]. 耿昇，译. 北京：中华书局，1993：125.

可分为两个阶段。清朝初年，由于清廷致力于对中原的控制，无暇西顾，所以此时的清朝基本上沿袭了明朝在西北的防御体系，以嘉峪关为界，划关而治。随着对内地统治的巩固，康熙五年（1666年）以后，清朝开始重视西北边疆问题，为了防备新疆准噶尔部与青海和硕特部扰乱河西，在嘉峪关设游击，增兵肃州，嘉峪关的军事防御地位凸显。而后随着哈密纳入清朝版图，嘉峪关闭关自守的局面开始打开。同时，嘉峪关也是清朝传递军事情报的必经之地，为了传递军情，清朝曾在嘉峪关设置军台、驿站，并派遣专门的"笔贴式"❶。另外，作为内地和新疆屯兵联系的必经之路，嘉峪关在军事物资转运方面也发挥了积极作用。所以，这一阶段，嘉峪关的职能在军事方面比较凸显。但也要注意到，此时西域、中亚各地的贡使赴京，于嘉峪关同样接受盘查，且"量定税则抽税"。❷乾隆二十四年（1759年），随着新疆的统一，清朝在玉门、瓜州、敦煌等关西地区全面推行府县制，"嘉峪关由'沿边屏障'一变而为'腹地要冲'，出嘉峪关后不再是明代对汉人而言的异域禁地"❸，嘉峪关的军事防御压力减小。乾隆年间曾四次修缮嘉峪关，但修缮对象仅限于城楼、戏楼、关帝庙等这些观瞻性的建筑，并且此处的驻守官兵也一度减少，这些均反映了嘉峪关军事防御职能的减弱。但需要注意的是，此时嘉峪关

❶ 清实录·圣祖实录三·卷二六三·康熙五十四年四月己卯条［M］. 北京：中华书局，1985：201.

❷ 清实录·高祖实录七·卷四九四·乾隆二十八年八月庚戌条［M］. 北京：中华书局，1986：337.

❸ 王希隆，杨代成. 论明清时期嘉峪关职能的演变［J］. 青海民族大学学报，2014（4）：10-15.

的交通要塞地位依然十分重要。内地大批的贸易物资，如茶叶、丝绸、瓷器、药材等经由嘉峪关运往新疆、中亚诸地，同时，新疆、中亚等地的牛马、毛皮、骆驼等物资也要经由嘉峪关运往内地。所以，嘉峪关是连接内地与新疆、中亚各地的交通枢纽，促进了河西经济的繁荣。可以说，嘉峪关是古丝绸之路上的一颗璀璨的明珠，对河西经济的繁荣贡献尤大。晚清时期，随着《中俄伊犁条约》的签署，清朝准许俄商赴嘉峪关贸易，嘉峪关又进一步成为丝绸之路上的通商口岸，从而使俄、英的大宗进口洋货通过嘉峪关进入中国。随着内地和新疆、中亚等地联系的紧密，进出关人员的增加，作为对外贸易的重要关口，除了管理丝路贸易外，嘉峪关还有着严格的关卡查验职能，除了城门的开放和关闭有严格的制度外，还对进出关人员验照盘查，洪亮吉、林则徐、左宗棠等在他们的日记著作中均有记载。康熙年间，清朝经常将罪犯发配到河西屯田，这是清廷稳定内地社会治安与开发新疆的一项重要举措。为了防止新疆逃兵、流犯返回内地，嘉峪关对入关人员的审核尤为严苛。所以，很多内地的遣犯出了嘉峪关将再无机会回到家乡，于是才有了把嘉峪关比作"鬼门关"的谚语。

所以，一纸通关文牒、一方小小的"关照"在此地就显得尤为重要。这样看来，作为通行凭证的"关照"便与我们现在所说的"请关照""互相关照"等有了语义相通之妙。

尾声

如今，国家推动共建"一带一路"高质量发展，嘉峪关再一次成为"丝绸之路经济带"上的重镇，文化旅游也将嘉峪关带入新的发展时期。真是要感谢这个自由开放的伟大时代，我们没有过去的通行"关照"，只需一张门票就可自由出入关门了。

我们来到了嘉峪关关楼的门洞之中，它与光化楼、柔远楼的门洞形制相同，只是略深三四米。蔡校长一边用他的大步子丈量着黑山条石的长度，一边向我讲解着他对黑山条石的理解。穿过门洞又走了一段缓坡就来到了真正的"关外"。回首东望嘉峪关城楼，正中大门便是旧时入关的第一道关门，也叫西城门，其上额刻"嘉峪关"三个大字，嘉峪关关楼与东西二楼形制略同，是明弘治八年（1495年）由兵备道李端澄负责修筑。站在嘉峪关城的侧面可以较清楚地看到罗城的"凸"形建制。据相关材料显示，罗城外约2米处有城壕一道，壕外又筑壕墙一道，约1米高；又城西十几米处，有一座沙砾堆成的弧形小丘，状如弯月，俗称"月牙城"；此城附近曾设绊马坑，内埋铁蒺藜，为陷阱。❶这些已成为历史，我们无缘再见。

现在的关城依然静静地矗立在大漠与绿洲的分界线上，它的东面还是郁郁葱葱的一派生机盎然，而放眼西望，眼前和远处却已都是寸草不生、绵延不绝的荒漠戈壁，没有过渡，没有衔接，这种视觉的反差和心理的冲击是巨大的，这时我们才深深体会到古人出关时的感受，也真正明白了称嘉峪关为"鬼门关"的深意。追想当年林则徐因禁烟获罪，被贬新疆，路经嘉峪关时的心情也应是悲喜参半吧！他曾作《出嘉峪关感赋》组诗四首。其一是一曲充满激情的

---

❶ 刘碧峤. 明长城肃州路嘉峪关防区军事防御体系研究［D］. 天津：天津大学，2012.

嘉峪关赞歌，从不同的角度，层层深入地展现了威严险固、形胜雄奇的嘉峪关壮丽画卷：

其一

严关百尺界天西，万里征人驻马蹄。

飞阁遥连秦树直，缭垣斜压陇云低。

天山巉削摩肩立，瀚海苍茫入望迷。

谁道崤函千古险？回看只见一丸泥。

其四是一篇登临怀古的杰作，林则徐讴歌了立功西域的班超、霍去病的英雄业绩，表现了他耿介不阿的爱国精神和对清王朝的忠顺服从。

其四

一骑才过即闭关，中原回首泪痕渊。

弃襦人去谁能识？投笔功成老亦还。

夺得胭脂颜色淡，唱残杨柳鬓毛斑。

我来别有征途感，不为衰龄盼赐环。

被发配边疆的林则徐尚有些许豪迈之气，而更多的出关者，他们或囚犯，或游子，或戍卒，或嫁女，面对这了无生机的大漠，回首关门已闭，家乡中原已远，而前路渺茫，生死未卜，归期无期，恐怕也只有回首中原后的泪潺潺了。

在关外留影拍照，逗留片刻后我们又进关返城。经过位于关城南部的演武场，过去是练习骑射、点将阅兵之所，现在，在场地四周摆设了一些仿古的兵器和战鼓，供游人体验，还装饰了一圈的战旗，架设了几个蒙古包，很有古代营地的感觉。

本想看看当年的游击将军府是何等的气派，怎奈铁将军把门，只好原路折回。根据相关材料显示，游击将军府，也称游击衙门，建于明正德元年（1506年），李端澄主持创建，初为兵备分司，隆庆年间改为守备公署，后来成为明清两代镇守嘉峪关的游击将军处理军机政务的场所，故改名为游击将军府至今。现有建筑是1987年在原建筑的基础上恢复修建的，为两院三厅四合院式，占地面积1755平方米，建筑面积808平方米。据《嘉峪关碑记》和《肃镇华夷志》记载，关城内原还有夷厂和嘉峪关公馆，但均于20世纪40年代倾毁，也甚是遗憾。

嘉峪关长城博物馆就在嘉峪关城的东北角，我们一行人本以为时间赶得上，可以进馆参观，尤其是对此馆收藏的玉门花海烽燧遗址出土的竹简充满期待，但当我们辗转折回时，博物馆已经闭馆下班，所以又一次被拒之门外。此馆收藏的这批竹简，据相关简牍研究材料得知，其发现纯属意外。1977年8月间，酒钢公司的几名员工在花海镇一处汉长城遗址参观游玩，其中一名员工俯身系鞋带时发现几根像筷子一样的东西，上面隐有字迹。他将之带回并交给了当地的文物工作者。之后，嘉峪关市文物保管所在玉门花海农场附近的汉代烽燧遗址中采集简牍91枚，无字素简12枚，还有一件七面的棱形觚。经专家鉴定，这批简牍当属汉代酒泉郡北部都尉的文书档案。那件七面的棱形觚最为引人注目，从所书内容看是一份诏书，但关于这封诏书的颁诏帝王及书写时间，学术界多有争议，有学者考证是汉武帝遗诏，但也有专家（如胡平生先生）不赞同此说，认为应是武帝之前的某帝王遗言，但因为没有太多的证据论证，所以目前学界尚无定论。本想饱览这批承载如此精彩故事的简牍真容，看来是不能如愿了，所幸有甘肃省文物工作队、甘肃省博物馆合编的《汉简研究文集》出版，《玉门花海汉代烽燧遗址出土的简牍》一文收录其中，从中可以见到这批简牍的影像和释文；另外，1991年中华书局出版的《敦煌汉简》也有收录。

回停车场的路上，穿过片片树林绿茵，走过丛丛鲜花繁锦，回望身后的雄伟关城，它与周边的城墙、墩燧在我的头脑中愈发清晰：关城之外的城台、墩台、堡城在绵延起伏的城墙上下时隐时现，关城之内的瓮城、角楼、敌楼、箭楼、光化楼、柔远楼规整有序地结合在一起，而文昌阁、戏楼、关帝庙、游击将军府又点缀其间，坚实稳固而又不失雅致风味。

此时，我忽然记起了儿时小学语文课文《长城》中的那段话："远看长城，它像一条长龙，在崇山峻岭之间蜿蜒盘旋。从东头的山海关到西头的嘉峪关，有一万三千多里。"读小学时，嘉峪关的形象在我的头脑中仅是这段课文中的一个抽象名词，而此刻，它立体形象，雄奇险峻，充满力量；它又默默守候，等观来往，饱含温情。

肩水金关汉简出土遗址考察纪实

巩聿信*

在我们的考察计划中，8月11日的考察地点是肩水金关汉简出土遗址。

肩水金关是汉代边塞关城，位于甘肃省金塔县县城东北151公里处的黑河东岸，修建时间大约在汉武帝天汉元年（公元前100年）前。汉武帝太初元年（公元前104年），汉武帝派李广利二次征讨大宛，为护卫河西走廊城郭，设居延、休屠二城，驻军18万戍守。太初三年（公元前102年），汉武帝又派强弩都尉路博德，修建了由张掖至居延泽的塞墙与烽燧，并修筑若干城、障、关、亭，时称"居延塞"，同时设立肩水都尉府和居延都尉府。这样就形成以肩水金关为中心的完整而坚固的北部军事防御体系。肩水金关成为进出河西腹地、北通居延地区的咽喉，成为抵抗漠北匈奴铁骑南侵的重要关口。

从肩水金关出土的汉简看，其纪年最早的时间为汉武帝太初

* 巩聿信，聊城大学文学院副教授，硕士生导师，聊城大学简帛学研究中心成员。

五年（其实为天汉元年，即公元前100年），其与路博德开始修筑居延塞的时间（公元前102年）仅差两年，因此肩水金关的修建时间大约在汉武帝天汉元年（公元前100年）前。而其最晚的纪年为晋武帝太康四年（283年），说明晋太康之后，肩水金关已不复在朝廷管理之列，逐步荒废了。

如果说前几天的考察还算波澜不惊的话，那么，今天的考察历程可谓奇遇连连。

早上8点，从金塔县城出发，准备驱车前往金关遗址。不料走出宾馆时，天却淅淅沥沥下着小雨，并有越下越紧的趋势，这让我们很是惊讶。在我们通常的印象中，西北地区属于温带大陆性气候，风沙多，干旱少雨。我们没来几天，就碰上了阴雨天，这让我们在惊讶的同时，又十分兴奋，纷纷从行李箱中取出雨伞（当然，临来之前准备雨伞，主要目的是遮阳），以免下车时下雨挨淋。

从手机导航看，从金塔县城到肩水金关遗址，有118公里的路程。刚驶出金塔县城时，路两边还是成排的灌木、乔木等绿色植被，时间不长，路边慢慢变成戈壁，只能在远处偶尔看见一抹抹的绿色。

大约行驶了两个小时，一条河横亘在我们前面。车驶到桥上，看到河中虽然不时露出一处处小洲，但河面挺宽，目测至少有六七十米，水量也不小。能在西北地区遇到一条这样宽阔的河流，是出乎我们意料的。

这条河就是黑河。据我们之前做的功课知道，肩水金关汉简遗址，就在黑河东岸。

黑河，发源于祁连山北麓中段，干河流向东北方向，流经青海省的祁连县，甘肃省的张掖市、酒泉市金塔县，最终流入内蒙古自治区阿拉善盟额济纳旗的居延海，全长800多公里。《山海经》《尚书》《周礼》等文献曾将黑河至居延泽的大片湖泊称为"西海"，将张掖以下的河段称为"弱水"。这里曾经是水草肥美、田畴如画的千里沃野，也是西汉王朝和匈奴争夺的重要地区。随着时间的流逝、自然条件的恶劣，黑河流域及居延海的水量逐渐减少，并且曾一度干涸。没想到，现在还能看到粼粼黑河水在流淌，给我们这些远道而来的东部访客带来不少意外的惊喜。

既然肩水金关遗址在黑河东岸，看到黑河，遗址应该不远了。跟着手机导航，不久，我们远远看到了大湾城残留的土城遗址。遗憾的是，一条铁路横亘在我们面前，穿过铁路的路口有铁栅栏挡着，并且上着锁。

我们正彷徨无措时，不远处，从铁路旁一片绿树掩映下的院落中出来一个人，顺着铁路向我们走来。攀谈中，我们了解到，他是维护这里铁路的军人，横亘铁路的这条公路，是里面的管理处负责的，铁栅栏是他们设置的，钥匙在他们手里。军人跟他们有交往，比较熟悉。我们就拜托军人跟他们联系一下，说我们是远道而来考察大湾城汉简出土遗址的，能否打开锁让我们过去。军人马上进行联系，遗憾的是，掌管钥匙的人刚刚出去了，不在管理处。

无奈之下，我们决定先去地湾城与金关遗址。

不久，我们看到了远处戈壁上残留的土城遗址，但过去仍然需要穿过铁路。这个路口倒是没有铁栅栏拦路，但此时有军人在警戒。军人告诉我们，一会儿这里有火车通过，任何车辆此时都不能横穿铁路。我们望了一下远处戈壁滩上隐约可见的遗址，觉得不算太远，于是决定把车停在这里，我们步行过去。

看似不远的距离，我们在戈壁滩上却艰难跋涉了大半个小时才到达遗址。从文物保护标识碑上看，这里是地湾城遗址。地湾城，是西汉肩水都尉下属之肩水候官的治所，是当时河西走廊中的交通咽喉和军事要塞。据专家考证，地湾城由"三坞一障"组成。障，是建在交通要路上的要塞性的城堡。坞，附属于障，是戍卒居住生活之所。"三坞一障"，形成一个相对完整的交通咽喉防御体系。但随着岁月变迁以及风沙的侵蚀，当年的地湾城现在仅存一障，孤零零地矗立在茫茫戈壁上。障系夯土版筑，呈正方形，边长约20米，高约8米，城墙底部厚约5米，仅在西侧开一门。障外还有一处坞院的残痕。

地湾城遗址经1930年与1986年两次挖掘，共出土汉简3000余枚。由于地湾城交通咽喉的地理位置，其出土汉简的内容比其他西北汉简更为复杂，涵盖政治、经济、军事、典章制度的方方面面，如日常出勤记录、邮件传递记录、守御器簿、戍卒被兵簿、钱出入簿、吏首奉名籍、谷出入簿、出入关记录，以及历简、历谱、医简、算简，等等，具有极高的研究价值。

地湾遗址向北大约500米处，就是肩水金关遗址。

肩水金关是长城城墙上的要塞关口。据考古专家考证，肩水金关的主要建筑由两座对峙的长方形夯土楼橹构成的关门、烽台、坞和一方堡等组成。楼橹长6.5米，宽5米，西侧有通到楼橹顶上的土坯台阶，两楼橹间的门道宽5米，其上部有门楼类建筑物。关门内外埋有虎落尖桩和木转射，门两侧连结夯土塞墙。关门内西南侧有黄土夯筑的坞院，略呈长方形，东西长约36米，南北宽约24米。坞内有房屋和马厩等共11间，西南角有障和烽燧。坞院西南角有方形围墙（墩院），边长约13米。北墙与烽火台东壁相接，西墙与烽火台南壁相接。北墙开门，院内有曲折夹道，两侧分布有住室、灶屋、仓库、院落等遗迹。坞院内西侧中部有黄土夯筑的平面呈正方形的烽火台一座，边长8米。

从肩水金关建筑规模可见，它的军事防御体系十分完整，防守严密，不愧金关之名，牢牢扼住了西出河西腹地、北达居延的咽喉门户。

随着岁月的流逝，现在的肩水金关早已被侵蚀殆尽，仅残存烽台和坞院的极少遗迹，供后人凭吊。

金关遗址经1930年与1973年两次挖掘，共出土汉简12427枚，以及1311件实物，尤其是出土的汉简，占居延汉简的1/3，内容极其丰富，研究价值极高。

从金关遗址向东望，不远处有一条公路穿过。由于我们跋涉戈壁，已疲惫不堪，于是联系司机，将车开到前面公路上，会合后乘车返回，再去探访大湾城遗址。

车绕来绕去，等回到进入大湾城遗址的路口时，已经是中午12:30了。让我们欣喜的是，这时铁路路口的铁栅栏并没有上锁。我们顾不上肚子饥饿，搬开铁栅栏，穿过铁路，顺着这条窄窄的柏油路，一路前行。右拐，就是管理处，不多的几栋平房与蒙古包不规则地排在街道两旁，但没有看到人影。穿过管理处，街道尽头，已经是戈壁，没有路了。车在戈壁上前行了一段后，已经无法前行，我们只好下车步行，直奔远处的土城遗址而去。不料没走多远，一人多高的铁丝网拦住了去路。铁丝网向两边远远延伸而去，也把前面远处的遗址包围在内。

我们正在郁闷、失望之时，一位老师在稍远处的铁丝网上发现有一个一人多宽的豁口，可以进入。我们欣喜异常，小心翼翼地依次穿过豁口，直向远处的遗址奔去。

铁丝网里面，大片的戈壁滩上，坑坑洼洼，高低不平，稀稀疏疏地分布着一些我们叫不上名字的耐旱植物。从这些植物略显整齐的行列看，应该是为了护沙固沙而人工种植的。戈壁上还不时看到大型工程车碾压过的痕迹，有的地方甚至还碾压成了简易公路的样子。

我们顺着戈壁上比较平坦的地方以及那些简易的公路，绕来绕去，经过近一个小时的跋涉，终于来到遗址面前。

据专家考证，大湾城是汉代肩水都尉府的所在地，由外城、内城和障三部分组成。现仅一障保存较好，但也只是残存了当年障城的基本墙体，系夯土版筑，能够看出当年障城的基本轮廓。内、外城现仅存几段残高1米左右的城墙和一座残高7米左右的烽台。

大湾城遗址，1930年发掘出汉简1500余枚，1972年又挖出部分汉简。它们与肩水金关、地湾城出土的汉简一起，共同构成了西北汉简丰富的资料宝库。

探访结束，原路返回，穿过铁丝网，回到车上，又穿过管理处高低不平的街道，回到来时的铁路路口。意外的是，路口的铁栅栏又锁上了，让我们欲哭无泪。

这时已接近午后三点，天上骄阳似火，四望茫茫戈壁，毫无人影。我们只好又跑到附近那个兵站找人帮忙，但兵站大门关着。我们在外面喊了半天，又打电话（之前留了军人的手机号码），终于联系上军人，军人答应帮忙联系管理处的工作人员。等了老半天，军人从兵站出来，说一时没有联系到保管钥匙的人，可以带我们去管理处那里找人。于是，我们下车等候，军人坐我们的车去了管理处。十多分钟之后，车回来了，后面跟来了一辆轿车，是管理处的工作人员。栅栏终于打开了，我们千恩万谢，与他们道别。

从相关资料看，肩水金关汉简出土遗址，应该包括"三城一关"，即地湾城、东大湾城、西大湾城、肩水金关，它们与长城、烽火台一起，组成了黑河这段流域的严密防御体系。我们刚才去的是东大湾城。西大湾城为西汉后所建，在黑河西岸，与东大湾城隔黑河相望，相距约2公里，其筑法同东大湾城完全相同，如今也是只残存一些基本的城堡墙体。由于距我们下一个考察地点还有200多公里的路程，时间紧，我们就没有再去西大湾城遗址。

本以为剩下的路程也会是平淡如常，没想到上天赐予我们的奇遇还没结束。

此时饥肠辘辘的我们，继续驱车前行，希望在路上碰到能填肚子的地方。大约四点十分，路过一个加油站，司机忙着加油，我们却扑向旁边那个小超市，看到一些糕点、饼干、火腿肠之类，一通购买。

　　回到车上，大家兴高采烈，终于可以填填肚子了。可没高兴多久，就见左边，应该是西边，沙尘暴铺天盖地而来。我们常年身处东部平原，只是听说过、在电视上见过沙尘暴，今天真正遇上了，顿时紧张起来。观察沙尘暴的走向，似乎是与我们同向，以为它可能会从我们左边过去了，不料，沙尘暴前端刚超过我们，后面的滚滚沙尘就向我们扑来。有老师紧张地叫起来，喊着司机赶紧掉头躲一躲。司机、导游两个人却淡定如常，说在西北这是常见现象。一瞬间，天色如晦，外面传来沙砾打在车身密集的噼里啪啦的声音。隔着车窗往外看，路两边什么都看不到了，只看到路向前延伸到沙尘中。司机打开车灯，放缓了车速，紧靠着路右边缓缓前行，偶尔看到对面过来的车辆，也是如此小心翼翼地缓缓而来。

　　大约20分钟，沙尘大体已经过去，天色也渐渐明亮起来，能够透过稀薄的沙尘看到天上的太阳了。让我们意外的是，天又渐渐沥沥地下起雨来。没过多大一会儿，一位老师惊喜地叫起来，原来，右边的天空竟出现了一道彩虹。雨后彩虹，就是在东部也不常见，竟让我们在大西北的戈壁荒原上遇到了，大家又惊又喜。

　　这时一位老师说，我们真幸运，是在路上、在车里遇到沙尘暴；如果是在戈壁上考察遗址的时候遇到沙尘暴，不知该怎么办。大家又七嘴八舌地探讨躲避沙尘暴的办法，当然，大多是胡思乱想，极不靠谱，但谈笑晏如的状态与心情跟刚才大不相同了。

　　我们虽不是考古专家，更非文物专家，因学术研究的需要来探访汉简出土遗址，但短短10天的探访，给了我们无论从多少出土简帛文献资料上都无法感受到的震撼：震撼于当年大汉王朝的强盛与自信，震撼于当年文化的丰富与繁盛，也震撼于沧海桑田的历史巨变。这些，将会在我们以后的教学与科研中留下不可磨灭的痕迹。

考察居延遗址，体验大漠风情

赵立伟[*]

按日程安排，团队仅有一天时间在内蒙古额济纳旗考察，因此8月12日的活动安排得非常紧凑。简单吃完早餐后，一行人匆匆出门，不到10分钟车程，我们便赶到了考察的第一站——额济纳博物馆，并幸运地成了博物馆当天的第一批参观者。

一、参观额济纳博物馆

额济纳博物馆位于额济纳旗政府驻地达来呼布镇。额济纳旗并不大，若非亲身经历，人们很难相信，就在中国北疆的这个边陲小城里竟然坐落着一个藏品丰富、独具特色、具有一定规模的博物馆。正是通过参观额济纳博物馆，我们更加全面系统地了解到黑河流域（流入内蒙古后被称为"额济纳河"）独特的自然景观、人文

* 赵立伟，聊城大学文学院教授，硕士生导师，聊城大学简帛学研究中心成员。

风情和充满神秘色彩的古代遗址。博物馆的常规展览共有"秘境奇观""居延春秋""黑水流澜""民族风情""大漠朝阳"和"双拥共建"六个部分。在这里，我们了解到古额济纳曾有的神奇地貌和稀有物种，第一次读到蒙古族土尔扈特部从伏尔加河流域回归祖国的故事，见到了《四美图》《关羽像》等中国早期的年画，而"居延春秋"和"黑水流澜"则是大家关注最多、驻足时间最长的两个部分。

"居延春秋"之两汉部分借助实物、沙盘、图表等多种方式再现了两汉时期居延地区的历史及汉代居延遗址的分布情况，通过立体化的布展把文献中晦涩难懂的知识形象地呈现出来。不管是驻足流连还是移步换景，每到一处，总会对布展者的聪明才智和独具匠心的设计产生深深的敬意。

"黑水流澜"专题用实物、图片、文字、沙盘相结合的形式，再现了流沙之下那个充满神秘色彩的西夏古城曾经的辉煌和被遗弃、被盗掘的历史。黑水城遗址所出土的栩栩如生的年画、惟妙惟肖的石刻佛像、数量惊人的珍本文献已被科兹洛夫、斯坦因等人运往国外，分散于俄罗斯、英国等各国博物馆，而大多数国人只能通过有限的图片资料粗浅领略那些珍贵文物的迷人风采。

参观博物馆让我们对额济纳的历史和文化有了更加深入的认识，这里曾屡经政权更迭、兵戎相接，人民流离失所，文明惨遭破坏，而如今额济纳处处呈现出一派安静祥和的繁荣景象，抚今追昔，不禁让人感慨万千！

二、走近黑水城

离开额济纳博物馆，经过大约一小时的车程，便到达了我们考察的第二站——黑水城遗址。黑水城位于达来呼布镇东南25公里处，在额济纳河东边的荒漠戈壁上，蒙古语称为"哈拉浩特"，汉语称为"黑城"，又名"黑水城"。马可波罗在其行纪中曾经对黑水城有过专门的描述，他说："从此甘州城首途，若骑行十六日，可抵一城，名曰亦集乃。城在北方沙漠边界，属唐古忒州。居民是偶像教徒。颇有骆驼牲畜，恃农业牧畜为生。盖其人不为商贾也。其地产鹰甚众。行人宜在此城预备四十日粮，盖离此亦集乃城后，北行即入沙漠。行四十日，冬季酷寒，路绝人烟，亦无草木。惟在夏季始见有人。其中亦见野兽，缘有若干处所有小松林也。"❶国内关于黑水城的明确记载始见于西夏时期，由相关文献记录可知，当时黑水城属于西夏版图，西夏王朝在居延地区设立了"黑水镇燕军司"，建立了"黑水军城"。至元世祖忽必烈时期，元朝在黑水城设立了总管府，正式建立了亦集乃路，而现在看到的黑水城废墟就是元朝时期亦集乃路城的遗存。至明代初年，黑水城逐渐被荒废，最终沦为一座死城，而今世人仅能通过破败的城墙、随处可见的陶瓷碎片，以及黑水城所出土的珍贵文物遥想见其当年繁盛的景象。

据文献记载，科兹洛夫第一次来到黑水城时，佛塔随处可见，用烧制得很厚实的砖砌成的庙宇地基在古城内格外引人注目。20年

---

❶ ［意］马可波罗. 马可波罗行纪［M］. 冯承钧，译. 上海：上海书店出版社，2001：132.

后，当贝格曼到达黑水城时，佛塔已经被破坏殆尽，超过半数的房屋遗址依然毫发未动。而当我们站在城中心环顾四周时，只见昔日官衙、住宅和寺庙等建筑物已经被夷为平地或者变成废墟，上了釉的陶瓷碎片随处可见。100年间的黑水城变成今天的样子，其中原因不仅有自然界的风沙侵蚀，更应归咎于人为的肆意破坏。1908年3月19日，科兹洛夫带领4名助手，在一名当地向导的带领下，闯入了这座沉寂已久的古城。在黑水城的短短几天里，科兹洛夫发掘出经书、手稿、文书、金属货币、妇女用的饰物、家什和生活用品、佛事用具等大量物品，这些文物共装满了10个沉甸甸的箱子，后被寄往俄国地理学会和科学院。一年后的1909年5月22日，心有不甘的科兹洛夫再次回到黑水城，由于事先进行了精心设计，此次挖掘范围更大，收获也更多，其中尤以城西佛塔中盗掘的双头佛像和《蕃汉合时掌中珠》《文海》《音同》等文献最为著名，这些文物运回俄国后很快便震惊了世界。

1914年夏，第三次来中国考察的斯坦因由酒泉沿黑水河、经金塔沙漠绿洲来到黑水城，虽然此时的黑水城已被科兹洛夫发掘了两次，但斯坦因对这些遗址进行系统考察时马上发现，这座考古学宝库远远没有被人挖尽。于是斯坦因在此地进行了连续十余日的发掘，在佛塔及寺院遗址，斯坦因获得大量的汉文、西夏文、回鹘文以及用古代突厥字体书写的各类文书和西夏文书写的佛教写本，同时出土的还有数量众多的佛教塑像、壁画、金属石质的装饰品和带釉陶器。❶

---

❶ ［英］斯坦因. 沿着古代中亚的道路［M］. 巫新华，译. 桂林：广西师范大学出版社，2008：266.

1923年11月13日，对黑水城觊觎已久的美国人兰登·华尔纳来到这里，开始了新一轮的破坏性发掘。由于古城已经被科兹洛夫和斯坦因先后洗劫过三次，华尔纳不得不在残垣断壁间四处搜寻，随意挖掘，因此华尔纳虽然收获不多，对城址的破坏却丝毫不亚于前面两任盗掘者。肆意地随处乱挖之后，华尔纳在城墙的半腰处发现了精美的壁画和泥塑佛像，随后又在庙宇遗址中发现了一面兽纹铜镜和泥塑的宝塔。由于气温骤降，严寒的气候条件不适宜发掘工作继续进行，贪婪的华尔纳只好带着遗憾于11月22日离开黑水城。

曾经安静的黑水城因科兹洛夫们的多次盗扰和肆意破坏最终沦落成今天的模样，后人只能通过文献记载和考古发现了解其当初的布局。作为入口的西城门以北，是亦集乃总管府驻地，总管府南侧称为总管府前街，前街总管府对面为诸王府第。总管府后侧为总管府后街，对面则是普通民居。总管府东门正对面有一条东西走向的大街，为黑水城的主街道，称为正街。正对着东城门的大街称为东街，东街与正街平行，黑水城内遗址大多分布于东街与正街之间，据考证这里大多是店铺和客栈遗址。在古城东南隅，在一处遗址周围曾发现有不少粮食，据说这里被称为广积仓遗址，是元代储存粮食的场所。

城内零星分布着大大小小十几处佛塔，而作为黑水城标志的古城西北的五座佛塔最为著名，这些佛塔均为城墙削低两米后所建，据说在元朝，仅有佛寺享有在城墙上建屋置舍的特权。又据考证，亦集乃路在元代路制中属于小路，但城内寺观庙堂的遗迹多达十余处，不仅数量众多，而且这些佛塔均占据全城要冲位置的"中心高台"一带，足见佛教在这里占有重要的地位。

我们沿着街道环绕黑水城一周，复经入口处离开，再次回望这个饱经沧桑、让人感慨万千的古城，十余米高的城墙几乎完全被流沙覆盖，唯有作为参观入口的西侧瓮城似乎为方便行人进出作过专门清理。又想及20世纪西方探险者不计后果的肆意破坏，近年来文物盗掘分子的造访，旅游旺季游人如织、淡季门可罗雀，不禁为黑水城的命运深深担忧，沙漠深处这座古城离最终消失或许只是时间问题。

三、探寻甲渠候官遗址

甲渠候官遗址，又名破城子，贝格曼将其命名为A8城障遗址，按照约定俗成的原则，这些名称至今依然沿用。迄今为止，在古居延地区发现的汉简有3万余枚，其中约有1/3出土于甲渠候官，因此甲渠候官被列为此次团队考察的重中之重。简单用完午餐，大家顾不上休息，便急匆匆地向甲渠候官奔赴而去。按导航提示，那里离就餐地点仅有几公里的距离，然而当大家兴冲冲地赶到"目的地"，却发现所谓的甲渠候官与事先对它的想象迥然不同，这里不是沙漠戈壁，而是一片茂密的胡杨林！显然，这里应不是甲渠候官遗址的所在地，不得已之下只能换用不同的搜索引擎，手机导航或者指向附近的游乐场，或者指向旁边的村庄，反复搜寻，然后不断否定，尝试多次总是无果而终。向附近的村民打听，他们也只是无奈地摇头，表示从没听说过我们所描述的那个两千多年前的候官治所。我们停下车重新梳理思路，再次确定路线，手机上的地图此时已经无任何意义，仅能努力搜寻记忆中与甲渠候官相关的记载。约略记得曾经读过的文献里说甲渠候官在额济纳旗城南二十多公里的沙漠深处，而不是我们所在的城郊，这里不仅有大片的胡杨林，而且还有零星分布的村庄，与文献中关于甲渠候官的记载有很大出入。通过连缀记忆中的相关片断，初步推断我们需要寻找的目的地应该另有所在。然而甲渠候官到底在哪里？正在大家一筹莫展之时，有团队成员在导航的地图中找到了三十多公里之外另外一处名为"甲渠候官遗址"的古迹，细审地图发现，遗址不远处有河流经过，联系到文献中居延汉塞及相关遗址沿河而修筑的记载，我们推断地图上出现的那条河流应该就是文献记载所说的依肯河或者纳林河，几十公里外的这处名为"甲渠候官遗址"的地方才是我们真正的目的地，于是掉转车头，再次上路。在我们向新的目的地行进过程中，陪同考察的校友李伟托朋友从额济纳旗史志办主任处获得可靠消息，我们改变行程后新的目的地，正是曾经出土万余枚竹简的真正的甲渠候官遗址。不仅如此，那位热心的史志办主任还告诉我们比较醒目的路标和下车后详细的步行路线。路线最终确定，目标进一步明确，汽车在宽阔平坦的公路上欢快奔驰，大概经过一小时的车程，我们远远地看到沙漠深处一个隆起的土丘格外醒目，不错，那就是我们费尽周折所要寻找的去处——甲渠候官遗址！

乘坐的汽车由于动力不足无法开进沙漠深处，大家下车后决定步行前往，当时正值下午两三点，是沙漠温度最高、紫外线最强的时候，然而高温酷热的环境丝毫没能影响大家前进的步伐，头顶烈日炎炎，脚下步履坚定，三三两两，边走边聊，一个小时之后，顺利到达心目中的圣地——甲渠候官，举世闻名的简牍出土地。

这里曾是古代的沙漠绿洲，这里也是匈奴与西汉王朝激烈冲突的战场。西汉初年，匈奴长年侵扰中原，西汉朝廷被迫采取和亲政策。汉武帝时期，开始了对匈奴的大规模出击，经过几十年的征战，取得了征讨匈奴的大规模胜利。从此，汉朝完全控制了河西走廊以及北部的居延地区，使居延海一带成为汉朝的管辖地。为了加强对这一地区的统治，汉武帝在河西走廊先后设置了酒泉、张掖、武威、敦煌四郡，并在居延地区设置了居延都尉和肩水都尉，而甲渠候官则是居延都尉府所在地。1930年12月27日，贝格曼带领下的中瑞西北科学考察团决定在这里安营扎寨，系统发掘这个被沙砾掩盖的城障遗址。当初贝格曼决定驻留此地，或许仅仅凭借考古学家所特有的直觉，而接下来的发现证明了贝格曼最初的判断，这里成为他在额济纳河流域考古发掘期间收获最大的地方。在遗址旁边的垃圾堆中出土了约4000件木简、各种破损的器皿、丝绸碎片、青铜器和陶瓷碎片。在这里，竟然发现了一支完整的毛笔，这是中国毛笔最古老的实物标本！这些无论在当时还是现在都足以震惊世界的发现也成就了贝格曼，使其成为20世纪世界著名的考古学家。虽然在A8遗址收获颇丰，但一段时间之后，贝格曼似乎失去了继续挖掘下去的兴趣。如果继续在甲渠候官挖掘，他仍能出土更多的木简，但是到1月25日前后，贝格曼已经不想继续留在这里了。在初步确定甲渠候官的年代之后，贝格曼开始了他渴望已久的再次远行。

或许正是因为贝格曼的中途放弃，才有了1974年甘肃省居延考古队针对A8遗址所作的第二次发掘。这一年，甘肃省居延考古队再次来到这里，重新对障、坞、烽燧等遗址作了全面清理。这次考古发掘同样没有让世人失望，考古队不仅弄清了A8遗址的结构和布局，而且通过对遗址和所出文物的考察，在很大程度上弄清了汉代居延地区的城障防御机制。在A8遗址坞院四周3米以内的地面，均匀地埋设四排尖木桩，完整的木桩高33厘米、间距70厘米左右，这些木桩呈三角形排列，即史书和汉简中所谓的"虎落"或"强落"，借此可以有效阻击敌人的进攻。在虎落上部的堆积层中，出土多件Ⅱ形木器即文献或简文中所说的"转射"或"深目"，这些木器嵌在坞墙顶端的女墙上，用以观察坞院外部的情况，或者作为射击敌人的掩护。当年考古队还在障城内东侧发现一堆叠放整齐的河卵石，应该是汉简所记用以防御敌人的羊头石。这次考古发掘中最大的收获当属在障城和坞院内部以及坞院东北部灰堆所出土的近8000枚竹简。由于贝格曼当年对A8城障遗址考古的发掘主要在坞外东南部的灰堆进行，当初所得的遗物大多并非来自城障和坞院内部，而1974年甘肃省居延考古队收获最多的地点则是坞院内部的房屋遗址，其中尤以F16和F22最为著名。F16为坞院内面积最大的房间，房内有取暖用的火墙，据推测这里应该是晚期的甲渠候住室（早期甲渠候是住在障城里面的），这里出土了多个颇有研究价值的完整简册，比如对于认识汉代边塞地区烽火报警系统和防御措施具有重要价值的《塞上烽火品约》，以及《甲渠候请罪》和建武初年《劾状》等简册。在坞内东侧的房屋基址中有一间与其他基址完全不同，据说这里曾经是居延都尉府的档案室，在室内不到6平方米的遗址中共发掘近900枚木简，其中完整或基本完整的册书达40余部，最为著名者如可以视为汉代章草典范之作的《隧长焦永死驹劾状》，保存完整并且附有题签的《建武三年候粟君所责寇恩事》，记录将军府颁发官吏俸禄的完整册书《建武三年居延都尉吏奉册》，2000年前完整的病假条《隧长病书牒》，等等。

正是因为甲渠候遗址出土如此众多的国宝级文物，大家自然对它怀有更多的期待，然而当我们真正走近它时，却发现甲渠候官的现状丝毫不容乐观。远远望去，遗址周围虽有铁丝网围挡，却没有任何防护措施，所有人员均可随意进出，不加任何保护措施的后果则是自然和人为的不断破坏和珍贵遗存的逐渐消失。曾经均匀分布的虎落，据说在20世纪90年代还随处可见，到21世纪初仅有零星分布，现在，仅仅十余年后，这些曾经作为古代防敌措施的尖木桩已经荡然无存。虎落在其他地方并不多见，如今归于消失，令人感到万分惋惜。由于风沙的不断侵蚀，障墙正在一天天变矮，考古发掘时清理出来的清晰坞院布局已经完全被流沙覆盖。我们经障城东南的入口进入障城内部，痛心地发现西北角的障墙竟然已经部分塌陷，砌墙的土基散落一地，夹在土基之间的芨芨草裸露在外，如不及时处理和修复，或许这处挺立两千多年的城障还可能有更大面积的坍塌。额济纳旗文物局在2016年8月发布的消息称，"由于遗址墙体受暴雨侵蚀，个别遗址墙体不同程度出现表层冲沟或冲刷的痕迹，但未发现有坍塌现象出现"。然而两年以后，这种现象还是出现了，而且是在举世闻名的甲渠候官。或许，应该受到重视的不应该只是那些放在博物馆恒温恒湿环境下被妥善保存的竹简木牍等各类出土文物，分布于黑河沿岸的烽燧、城障和塞墙同样应该得到世人的善待，因为它们也是居延文化的重要组成部分和人类文明的见证！

四、策克口岸和蒙古包内的特色晚餐

除了赶往额济纳旗的路上偶遇沙尘暴之外，策克口岸和蒙古包内的特色晚餐是唯一一段行程计划之外的经历，而这一切要感谢文学院2006级校友李伟的陪伴和成全。李伟，聊城冠县人，大学毕业后曾于当地行政机关任职，后考取国家公务员并成为策克口岸的海关工作人员。聊城人热情好客、敬业乐群、敦厚奋进等优秀品质在李伟身上得到了很好的体现，由于工作业绩突出，从业时间并不太长的李伟已经成长为单位领导和业务的核心骨干成员。远在几千公里之外接待母校的老师们对于李伟来说或许是第一次，因此李伟不但在考察的前一天早早赶到宾馆，等待老师们的到来，更是在12日推掉所有的工作，全程陪伴大家在额济纳旗考察。其间李伟热情地邀请大家到他工作的策克口岸参观，盛情难却，团队决定临时改变考察计划，考察甲渠候官遗址结束后，即驱车赶往中蒙边境的策克口岸。

策克口岸距额济纳旗达来呼布镇77公里，处于浩瀚无边的沙漠深处，虽然这一带的边境地区人烟稀少，路上更是少有行人，但这里的基础建设并不落后，宽阔平坦的公路在一望无垠的沙漠戈壁向远处延伸，汽车在落日的照耀下急速向前飞奔，不到一个小时，我们便顺利到达目的地——策克口岸。口岸建筑十分壮观，远远望去，颇像展翅飞翔的雄鹰。据文献记载，古代的额济纳地区曾多有雄鹰出没，将口岸设计成雄鹰展翅飞翔的形状或许正是取意于此。过海关继续前行一百多米，我们真正来到"国门"前，门上镶嵌的"中华人民共和国"几个大字格外醒目，过了国境的大门，便到了中蒙之间的缓冲地带，警戒性标语随处可见，五星红旗在各式条幅和标语之间显得愈加鲜艳，行走其间，庄严肃穆的气氛在心中骤然升起。站在界碑处的国境线上，"国家"的概念瞬间在心中庄严起来，一线之隔，两个世界，国境线之内处处是绿意融融、生机勃勃的繁荣景象，而对面是只点缀着几处低矮房屋的茫茫戈壁，鲜明对比之下强烈的民族自豪感油然而生。

离开策克口岸，已是夕阳西下，热情的李伟精心为大家准备了蒙古族特色晚餐，于是一行人在月色之下赶往当天的最后一站——牧民的蒙古包。草原的夜神奇而宁静，几位女老师选择留在室外，尽情享受草原夏天特有的清凉。这时，热情的主人过来同大家一起攀谈，他告诉我们自己拥有7000多亩牧场，方圆几公里之内再无人烟，最近的邻居也在10公里之外；他还说自己家门从来没有上过锁，也从来没丢过东西。对于我们来说，这所有的故事都像天方夜谭。在大家谈兴正浓之时，女主人过来告诉我们该吃饭了。移步蒙古包内，又是另一番热闹景象，满桌丰盛的饭菜已经等候大家多时，李伟用当地蒙古族最隆重的方式款待老师们，大家边吃边聊，不觉已近午夜，我们在内蒙古额济纳旗共同度过了一个美好而难忘的夜晚。

尊老贤孝礼医，默流分润凉州
——武威考察纪实

赵海丽*

2018年8月14日，星期二，晴。今天是河西走廊简帛出土遗址考察之行的第九天。

上午，我们自临泽向武威出发，路程229公里。小雨，大风，沙尘飞扬，能见度低，天气不是太理想。今天的考察活动由我做导游，当距离武威南还有187公里时，我将提前准备好的资料分发给团队成员。

初识武威是因蔡氏家族的小姑姑，她在家排行最小，最得父母宠爱。"文化大革命"期间，文艺宣传队走街串巷，上县下村，不辞辛劳地宣传演出，当时一位拉二胡的小伙子，看上了同队活泼多艺的小姑姑，但遭到女方家庭的反对。正值边塞支教，在全国各地选拔人员集训，小伙子被挑中即将远行。小姑姑不顾父母反对，为

---

* 赵海丽，聊城大学文学院客座教授，聊城大学简帛学研究中心成员。现为山东交通学院国际教育学院教授。

了爱情硬是跟着小伙子远走甘肃金昌支教，这一走就是40年。他们爱上了武威这片古老的土地和善良纯朴的人们。他们是平凡人，没有惊天动地之举，但他们的爱情故事是那般纯洁朴实，深深打动着我。从他们那里，我初识了武威，也尝到了像他俩爱情般甜美的武威特产人参果的味道……

车在快速行进，小小的车厢里学术研究正在进行时，你说是沙龙、上课也行，读书会也罢，总之大家都在聚精会神地听着，默默地在内心构建着武威出土简帛的知识沙盘；也时时就某个问题展开一番讨论。我也是充满激情放大音量，希望通过自己的讲解，让大家对武威与凉州的建置、武威简帛出土遗址的分布、出土与收藏等情况有个初步的了解。

车还在向武威方向行驶，校长与团队成员畅谈"聊城大学简帛学研究中心"发展的近期与远期目标，鼓励大家人人动笔，写考察报告及考察日志，出版一期《中国简帛学刊》特刊，主要内容就围绕这次考察内容及考察收获。他说："我们团队的简帛研究可以和冷学绝学结合起来，通过一段时间的阅读与研究，我们这个团队对简帛学就可以登堂入室了，如果不从外围向里面打，一开始就啃那个坚硬的内核，一啃就磕了牙，可能就会感到很沮丧。在那种情况下，一下跳进去，别人看也不像搞简帛学的。我想这次出来考察就是我们团队的一个启动仪式，团队成立就是通过这样一种人类学学术考察的方式，走出我们的书斋，把我们的考古学和简帛学研究结合起来，实地接触感受一下。当年的斯坦因、贝格曼、费格汀、西北考察团，他们那批人，也是这样走过来的。当你看资料的时候，一点都不陌生，我们都走过来了，比我们在一起读多少次书，在一起讨论多少次都好得多。所以我们通过这次活动，只要你不忘记，只要你把日志写得好好的，就目前来说成果就非常非常大。这是我们团队成立过程中，也是我们以往没有的一个经验，这是我们最好的团队组建方式，我们这么做，我相信几年之后，大家头上都会有一个光环，你是做什么的，我是做简帛研究的。……大家要看到希望，让简帛学界，看到聊大，看到我们这个团队，看到我们做的这些内容。"校长的鼓励让团员们再一次希望满满，信心倍增！

路牌标识武威北500米，很快车经过武威收费站，武威到了。

武威是丝绸之路上的重镇，是自东向西进入河西走廊和新疆的东大门。由于历史的变迁，行政建制的变动，尽管武威、凉州从古至今从未消失过，但这两个名词太复杂了，其所属各个时期亦有不同。武威是汉帝国为显示武功和军威到达河西而得名，其名最早见于汉武帝时期，是河西四郡之一，隶属于凉州刺史部之下。武威郡辖10县，以姑臧（凉州区）为治所。三国魏黄初元年（220年）十月，文帝曹丕重置凉州，辖武威等7郡，州治武威郡姑臧县，武威郡辖9县。西晋时，马隆任武威郡太守时辖7县。东晋十六国时，河西进入了"五凉割据"时期，武威郡辖9县，其中姑臧县曾是"五凉"中的前凉张轨、后凉吕光、南凉秃发乌孤、北凉沮渠蒙逊的都城，可见武威辖地之重要。武威与凉州之名其后一直存在，乃至新中国成立后，在此地建立地区、县、市，都用武威一名。2001年改地区为市，则用武威市，而原武威县名改为凉州区。

由于《史记》和《汉书》的纪、传、志所载武威建郡年代的不一致，引起了学者对武威郡设置年代的广泛探讨，如日比野丈夫、张维华、劳干、陈槃、周振鹤、张俊民等学者都提出了自己的观点。综言之，陈槃与张俊民观点一致；确定时间范围最小的是周振鹤（地节三年，公元前67年）。因为西汉初年，东西交通的路线最早不是由兰州至武威，而是由兰州、青海经扁都口入河西走廊，这样也就决定了武威郡偏塞的情况。所以河西四郡的设立时间，应是先有酒泉、张掖，次有敦煌郡，昭帝之后，随着汉势力的巩固，最后才建武威郡。而武威的设郡，又促进了新交通线路的繁荣，即由武威、景泰至平凉驿道的开通使用。

当我们到达武威市区，葛尔沼同学已等候多时。尔沼同学是2018年文学院的毕业生，家住武威市区，考上了武威市发改委的公务员，刚上班几天，就又见到了母校的老师们。师生见面，大家都激动不已，尤其是尔沼同学得知校长带队、老师们要来的消息后，早已作了精心准备，为老师们安排好一天考察的路线与饮食。师生见面时已是中午，尔沼同学电话联系快递人员到我们的停车处快递部分物品，省得大家一路携带辛苦；又引路来到具有凉州特色的"福瑞苑"农家乐，似农村四合院布局的农家乐具有田园特色而温馨。午餐地点有K歌音响设备，队员们调出电视剧《贞观长歌》，跟着原唱熟悉曲调，唱我们的新词，《行者无疆》的旋律更深入并浸润内心，同时也有了短暂的娱乐休息，几天来一直在行走中疲惫的身心得以调整恢复。热情好客的尔沼同学为老师们点了排骨垫卷子、面皮子、沙米粉等武威最具特色的美食。就餐时，校长询问尔沼同学毕业以来的工作、生活情况，并向他提出了期望和要求，一是要懂得感恩，懂得奉献；二是要永远做一个正直的人，将党多年来的教育入脑入心，化成一种融入血液的力量；三是要懂得取舍，懂得舍得，只有付出，才能有获得。

正如尔沼同学所言："第一次如此近距离地聆听大学校长的教诲，真的感觉用尽了自己所有的运气，但即使这样，也感到无比幸福。校长的话让在座的我受益匪浅。对于我来说，跨过千山万水的四年，每当在夜晚想起，耳畔回荡着各位师长的话语，总是会分外不舍，总是会叹息不已，叹息岁月的蹉跎，感叹青春的美丽！"

下午，尔沼同学带大家来到了武威雷台。雷台位于甘肃武威城区北关中路，占地面积12.4万平方米，距今已经有1700多年的历史。

据史料记载，雷台为前凉（301—375年）国王张茂所筑灵钧台，这里是古代祭祀雷神的地方，因在高约10米的土台上建有雷祖观而得名。

武威迎客之语也颇有特色："天马行空，自在武威"。雷台正大门为古式双阙建筑，门顶横梁大大的"雷台"二字，进入大门就看到了标志性建筑"马踏飞燕"牌楼雕塑，大家在此拍照留念。

牌楼后有一条宽道通向圆形下沉式广场，两侧各有六根图腾柱，上挂着诗词宣传牌，再外侧就是浮雕墙，内容全与武威相关联。我将宣传牌上的诗词一一拍摄下来，准备返校后再细细品读。我们拍照留影之后，通过"雷台观"入口，见两擎柱书写山门联：绛云在霄威风绚彩，甘露披野嘉禾遂生（蓝底金字）。右见"雷台汉墓"标示碑。进入二平门再左拐，前方行约百米就是1号汉墓的

广场及墓口。我们一行深入其中考察，请一位工作人员做讲解。虽
然外面艳阳高照，走进墓道还是阴湿凉爽。沿着墓道两侧悬挂的介
绍展板，听讲解的同时我们也在观看展板内容，以求了解更多汉墓
文物信息。据工作人员介绍，1969年，当地农民挖战备地道，在雷
台下发现了这座东汉晚期的大型砖室墓。据出土马俑胸前 "守张掖
长张君" 铭文，推测为东汉时期镇守张掖的军事长官张某与其妻的
合葬墓，也只是推测而已。此墓虽遭多次盗掘，但遗存尚多，是一
座 "丰富的地下博物馆"。出土有金、银、铜等器物231件，其中
有铸造精致的铜车马武士仪仗俑99件。此铜车马出行仪仗，是迄今
发现数量最多的汉代车马仪仗铜俑，铸造精湛，气势宏大，显示出
汉代群体铜雕的杰出成就，被称为 "地下千年雄狮"。墓后室摆了
一批青铜车马仪仗队大方阵的复制品。刚才在下沉式广场所见的铜
车马仪仗俑方阵（放大6倍）和这里的仪仗队一样，都是仿照文物出
土时的样子摆放的，而方阵仪仗队的领衔主角就是 "铜奔马"（复
制品）。"铜奔马" 呈发绿古铜色，马高34.5厘米，身长45厘米，
宽13.1厘米，重7.15千克，马形神兼备、气韵生动、矫健剽悍，作
昂首嘶鸣、疾足奔驰状，塑造者摄取了奔马三足腾空、右后足巧妙
地轻踏在一只展翅奋飞、回首惊视的飞鸟背上的刹那，马头上一撮
呈流线型的鬃毛指向彗星一般的马尾，既表达了奔马风驰电掣的速
度超过飞鸟，又巧妙地利用飞鸟的躯体扩大了着地面积，保证了奔
马的稳定。它体型矫健，神势若飞，艺术造型优美，给人以腾云凌
雾、一跃千里之感。这位（也许是一群）东汉的无名艺术匠师，以
高度的智慧、丰富的想象、深刻的生活体验和娴熟精湛的艺术技

巧，成功地塑造了一件源于生活而高于生活、极富浪漫色彩的"天马行空"的艺术杰作，堪称青铜艺术的极品。"铜奔马"出土后，被郭沫若定名为"马踏飞燕"。1983年，铜奔马以"马超龙雀"这个名称被国家旅游局确定为中国旅游标志。"铜奔马"及青铜车马仪仗队等文物现存于甘肃省博物馆。

有没有见到原物，已不那么重要了，重要的是我们了解并感受到了这里曾是举世闻名的稀世珍宝、中国旅游标志"马超龙雀"、也是天马故乡的出土地就够了。

有学术追求之人最要有"打破砂锅璺（问）到底"的精神，我们知道了该墓葬发掘的文物精品，也应了解其墓葬给后人留下的诸多疑惑，如墓室南面墙壁用黑白两种砖组成"囍囍"字形，该字传说是宋朝王安石醉拼而成，而这座汉墓里却出现了"囍囍"字形，不知是偶然巧合还是当时已经有了"囍囍"字？另外，墓室和井中的砖块历经约2000年的挤压蚀化仍坚固不倒，说明其耐压、抗腐蚀等性能极强，直到今天这种砖的制坯和烧制方法仍是个谜。

参观"凉州词话展"是此程的意外收获。因为凉州词陈列馆与武威雷台依次东西鼎立，自然吸引了我们这些文学院老师的眼球，也给了我们一次了解凉州古代文学知识、词话文体研究及其文学成果现状，丰富和提高"凉州词话"文学素养，以开拓文学视野的大好机会。

进入陈列馆时，馆领导正在面试新入职的解说人员。给我们讲解的女孩既紧张，词也不熟，磕磕绊绊地讲解着。"还需要下功夫"，我心里想明年的这个时候，她一定会优雅大方、睿智有加地展示自己的才艺，加油吧！女孩不流畅的讲解，并没有影响我们看展的心情。《凉州词》是凉州歌的唱词，非诗题，是盛唐时流行的一种曲调名。开元年间，陇右节度使郭知运搜集了一批西域的曲谱，进献给唐玄宗。玄宗交给教坊翻成汉曲谱，并配上新的歌词演唱，以这些曲谱产生的地名为曲调名。该馆的展示立足于《凉州词》的发展渊源，以史讲词，以词说史，采取单元、组、展品三个层级的叙事方法展示《凉州词》的艺术魅力和发展脉络。从曲影词踪、边塞词情、拾遗词坛、千古词魂四个方面，通过光、影、声、色，以新媒体、场景互动项目等多种光影变幻，使我们近距离地了解历史风云曾经的金戈铁马、歌舞繁华，以及千百年来人们追求太平盛世的美好愿望，领略了霍去病大战匈奴收复河西的盛况。《凉州词》西承龟兹乐舞的风情，东传凉州乐舞的神韵，不同朝代的诗人都写《凉州词》，但内容、文风等方面各有特色。如唐代王之涣："黄河远上白云间，一片孤城万仞山。羌笛何须怨杨柳，春风不度玉门关。"宋代陆游："垆头酒熟葡萄香，马足春深苜蓿长。醉听古来横吹曲，雄心一片在西凉。"

这些耳熟能详的《凉州词》，已是小学课本收录的作品，可见《凉州词》在中国传播之广。今天来到武威，古时的凉州府都，再一次阅读其曲，感受与少时截然不同。西北边塞广漠壮阔的自然风光，以及《凉州词》风格上呈现的悲凉苍劲、威武豪迈、自然纯朴，是需要身临其境去感受的。

接下来，我们一行来到了崇文街172号的文庙。

文庙位于武威市区东南隅，始建于明正统二至四年（1437—

1439年），南北长198米，东西宽152米，占地面积3.096万平方米。武威文庙古称"陇右学宫之冠"，由儒学院（已毁）、孔庙、文昌宫三部分组成。

当我们走进文庙，大门四根山门柱上各书写着的一副对联映入眼帘，外柱：文明气运参天地，翰墨杰华贯古今（蓝底金字）；门柱：鳌背腾飞万丈文光连九曲，梯山毓秀一枝彩笔映三台（黑底金字），横批：斯文主宰。门右侧挂着"武威市博物馆"木牌（白底黑字），靠近博物馆署书旁摆放着简易的木座椅，一位工作人员在值守，想必其职责范围比较广，如检票、指引、安全、接待、发生紧急情况及时处理或上报，等等。

武威市博物馆现藏文物4万多件，其中国宝级文物2件，一级文物166件，二级文物268件，三级文物574件，是甘肃省第二大历史博物馆。1949年以后，武威先后在南山喇嘛湾、磨嘴子、旱滩坡、五坝山等地出土了王杖、《仪礼》、医药等简牍765枚，另有帛书若干出土。这些出土的简牍帛书主要集中在磨嘴子、旱滩坡两处（见表1）。

表1　武威出土简牍情况

时间	发现者	出土地点与内容	数量
1945年11月	夏鼐、阎文儒	甘肃武威南山喇嘛湾木简	木简7枚
1959年7月	甘肃省博物馆	甘肃武威磨嘴子6号汉墓；珍本古书《仪礼》	竹木简10枚；完整简385枚；残简225枚

续表

时间	发现者	出土地点与内容	数量
1959年秋	甘肃省博物馆	甘肃武威市新华乡磨嘴子18号汉墓；养老尊老法《王杖十简》	木简10枚
1972年11月	甘肃省武威市柏松公社下五畦大队	甘肃武威旱滩坡东汉墓；武威医简	木简78枚；木牍14枚
1981年9月	袁德礼	甘肃武威磨嘴子东汉墓；老年保护法《王杖诏书令》	木简27枚
1981年		甘肃武威磨嘴子汉墓	木简29枚
1984年	甘肃省文物考古研究所	甘肃武威五坝山3号汉墓；冥间通行证	木牍1枚
1989年8月	甘肃省武威地区文物普查队	甘肃武威旱滩坡东汉墓；优抚高年人的律令条文	残简17枚
1985年	甘肃省文物考古研究所	甘肃武威旱滩坡前凉墓；冥器（墓主人身份、职位、记事和随葬衣物疏等）	木牍5枚
1996年		凉简	简1枚
1972年		西夏简	简1枚

武威出土木简的主要内容是《仪礼》，分甲、乙、丙三个版本。武威《仪礼》是继大、小戴和刘向之后的第四种版本，也就是历史上王莽新朝的国学本。这是前所未有的大发现，代表着王莽一朝的文化风范，是非常珍贵的古文献。其简册形式，也为我们研究汉代的简册制度提供了极其珍贵的资料。

《王杖诏书令》与《王杖十简》等出土简帛文献，证明了两汉时期是十分重视尊老养老、抚恤鳏寡独孤废疾者的社会现实。正史中对如何提高孤寡老人的社会地位、减轻其租税徭役、省刑免罚等内容涉及不多，这些简帛文献解决了这一阙疑，为我们研究两汉的社会问题及法律制度提供了珍贵资料。图版、摹本和释文见1964年文物出版社出版的《武威汉简》一书。值得关注的是《王杖十简》图片还见于《中国简牍集成》每册的封底，足见其在出土简帛文献中的分量。

武威出土的木简医书共存医方30有余，使用的药物有100多种，是继我国传世的医学理论专著《黄帝内经》及药物学专著《神农本草经》之后又一部医药著作，它在一定程度反映了汉代医药水平的真实情况，是医学史上的一件大事，为研究我国古代医学，特别是汉代医学，提供了宝贵资料。其图版、摹本、释文、注释见1975年文物出版社出版的《武威汉代医简》一书。

关于木牍的制作与使用，陈梦家先生于20世纪60年代初整理武威汉简时，发现木质书写材料"在刮削平整，打磨光滑以后，书写之前，似经过一道用特殊液体涂染的手续"。因为武威木简写字的一面光亮有色泽，不同于背面，并且削改的字往往花开晕开。这只是陈先生的推测，没有得到确定的证明。连云港尹湾汉简出土后，对大批木牍进行脱水时，发现将木牍浸泡于醇中以后，在底部沉积有颜色较深的胶体，采集干燥后成胶片状，原因是木牍上涂有一层胶体，以防潮防腐并使书写受墨时不渗不晕，这显然证实了陈先生的推测是正确的，此问题由提出到确定亦有武威出土汉简之功。

20世纪年50—70年代，甘肃武威磨嘴子汉墓群出土了一批覆盖在棺椁上并题有文字的长幅幡物。其代表性的1件帛书幡物是1959

年发现于磨嘴子23号墓，位于棺盖上，属于东汉前期至中期。墨书二行，其上方左右各有一径约15厘米的圆形，左为日，内画乌；右为月，内画蟾蜍。墨书有鸟虫篆意味，疏密得当，用笔纯熟，颇具装饰风格，今存14字。图版见于《考古》1960年第9期上刊登的甘肃省博物馆《甘肃武威磨嘴子汉墓发掘》一文。

武威出土的简帛及重点文物，武威市博物馆有部分收藏，大多精品收藏在甘肃省博物馆，如《仪礼》、《王杖十简》、医药简等内容在展厅予以展示。甘肃省博物馆有多件，如西汉"绢底平绣人像""彩绘木博戏俑"，均为武威磨嘴子汉墓出土。

文庙隶属于武威市博物馆，其内雕梁画栋，檐牙高啄。

大殿前廊的多块匾额，大多是清到民国年间的名流时贤的题作；最吸引视线的是44块主题不一的牌匾林立，如"文明以正""牗启人文""瑞预化成""化峻天枢""天下文明""诞敷文德""为斯文宰""孝友文章""斡旋文运""云汉天章""纲维名教"，等等，其品位之高为世罕见，记载了时人对这块文化圣地的称颂，也体现了文庙的历史。

还有各阁、殿门、廊等处柱上的对联，亦是经典之言，精彩纷呈。如尊经阁联"气备四时与天地日月鬼神合其德，教垂万世统尧舜禹汤文武作之师""鸿运启中华五千年古国文明唯斯是赖，锦程开新纪亿万世精神化育由此发端"等，其中有几联特别贴合我们为人师表追求学术之心，"读五车书博古通经真学问，行万里路经天纬地大文章""读书乐为善最乐他乐非乐，创业难守成更难知难不难""师道垂范功业千秋盖河岳，圣教无疆文章万世炳斗牛"。

　　文庙内收藏有大量的碑刻和地方文物。因我研究墓志多年，对碑刻情有独钟，其所藏墓志多为隋与唐朝的，仔细观察，均被拓过，碑或墓志石的表面墨色很重。其中前凉建元十二年（376年）梁舒暨妻宋华墓表引起了我的特别注意。因当初撰写《北朝墓志文献研究》时，遇到梁舒暨妻宋华墓表，只知该墓表于1975年在武威西北赵家磨村出土，而其藏地不详，又检索不到相关资料，很无奈地在藏地一栏写上"藏地不详"。此次考察我是"无心插柳柳成荫"，竟然很容易地解决了这一问题，如此，藏地一栏即可明确为"武威市博物馆（文庙）"，亦为以后的相关研究提供基础资料，我将陈列的碑志一一作了记录。

　　中国印刷博物馆武威分馆既是武威市博物馆的重要组成部分，也是中国印刷博物馆的有力补充。没有记忆的民族是没有前途的民族，没有记忆的城市也无法拥有美好的未来。该馆展示内容追溯了中国的印刷史，尤其是西夏泥活字制作工艺与过程。我们既看到了《维摩诘所说经》（下卷）的完整印刷本；也欣赏了武威西夏泥活字折叠长卷版本。北宋毕昇发明的泥活字仅限于文献记载，没有相应的实物证明而使后人产生疑问。1987年，武威西夏文泥活字印本实物的问世，无可辩驳地证明了毕昇发明泥活字的历史事实。西夏泥活字的发现与"复活"，填补了我国泥活字版本的空白，在国际上为确立中国泥活字印刷的发明权提供了有力的实物佐证，为"活字印刷，源于中国"争取了话语权。它又以"历史记忆"的形式留住了中国泥活字的"根"与"魂"。

　　武威西夏博物馆位于武威文庙门前，在马路外偏左侧位置，一座自东向西"回"字形仿古建筑，占地面积约3570平方米，展厅面积1400平方米。馆中的镇馆之宝是著名的"西夏碑"即"重修护国寺感应塔碑"，是我们一定要看的珍品。碑高2.5米，宽0.9米，厚0.3米，两面撰文。它是现存唯一的、保存最为完整、西夏文与汉文对照文字最多的一座石碑，其学术价值堪与大英博物馆所藏埃及罗塞塔碑相媲美。

今天，我们一行因目睹这一神秘的西夏文字和汉文对照的西夏碑刻而甚感荣幸。时间已晚，我们还要赶往兰州，匆匆结束了武威西夏博物馆的考察活动。大家都对武威的古遗址与文化赞叹不已，纷纷说内容丰富，知识点多，没有看够。校长提议与葛尔沼同学在西夏博物馆合影留念。宁家宇小朋友主动做我们的摄影师，拍下了一张珍贵的照片。

师生握手告别，当我们的车驶出文庙广场，远处老人手里的三弦正在弹奏古曲——《凉州孝贤》，一群老者伴着音乐唱响，给人以古朴沧桑凄美之感。一首古曲唱完，接着三弦又弹奏出《走进新时代》的旋律，这是我们熟悉的，老人们亮着嗓子在高歌，又给人以威武雄壮、粗犷豪放的美感。具有西部特色的三弦曲调，在武威的大地上从古老走向新时代，历史的车轮阻挡不住前进的步伐，武威这片土地孕育出一代又一代贤孝之人，这是武威《仪礼》、《王杖诏书令》、医药等汉简中所强调的尊老养老制度与文化的传承。音乐之声亦道出师生的难舍与挚情。再见了，尔沼同学！希望你尽快适应新的工作岗位，聊大时时期盼着你的佳音！

再一次经过武威收费站，我们向最后一个目的地兰州进发。兰州与武威相距255公里。"大漠或许可以阻断前行的路，遮住远眺的眼，但是挡不了一颗追求真理，探求新天地之心。"尔沼同学说得真好！

史学大师陈寅恪曾说："一代之学术，必有其新材料与新问题，取用此材料以研求问题，则为此时代学术之新潮流。治学之士，得预于此潮流者，谓之预流（借用佛教初果之名）。其未得预者，谓之未入流，此古今学术史之通义，非闭门造车之徒，所能同予者也。"武威简牍帛书的出土，是考古史上的又一重大发现，对于学术史的发展意义非凡。《仪礼》代表着王莽一朝的文化风范，是非常珍贵的古文献；《王杖诏书令》等一些法律条文的颁布，是汉代养老尊老的社会风尚的进步，对研究汉史亦有重大意义；《武威医简》是汉代民医行医的真实记录，堪称国之瑰宝；"冥中过所"是全国考古发现中的第一份"冥间通行证"；"木牍冥器"是一位前凉将军的随葬品等。这些出土的简牍帛书为研究汉代经学、版本学、校勘学、古文字学、简册制度、礼俗以及尊老、养老制度、民间中医行诊及药方等提供了重要的实物资料。一方面，专业研究者对这些出土宝贝视若珍宝，在对这批出土文献的整理、笺注、考证等方面均做了有益的尝试，但多数成果还只是停留在浅层面上而显得深度不足。如要使成果形成一定的规模与体系，还需要结合词汇学、音韵学、训诂学等众多学科知识，结合前贤的研究成果，并由此形成武威简帛研究的集成式果实。另一方面，武威之地出土了哪些简牍帛书，出土地在哪儿，现今遗址保护得如何，这些简帛的内容是什么，应如何扩大宣传，可成为武威的大众旅游名片，也是民众增加文化素养、改善当地民生的一条道路。在扩大宣传提高影响力的同时，建议武威有关部门，在提高文化眼光、提升民众素质方面再锦上添花，进一步加强重要文物出土地的保护与参观场馆建设；还可以通过开发文化旅游产品等多种形式来反哺这一宣传与保护，如编导《又见敦煌》《印象刘三姐》式的大型实景剧，对《凉州词话》等文化产品加以推广，以飨后人。

王国维在《最近二三十年中中国新发见之学问》曰："古来新学问起，大都由于新发见。"在简帛文献大量问世的今天，尤其是河西走廊的古丝绸之路上简牍的发现（收藏在甘肃的汉简就占全国出土汉简的82％以上），为"二十一世纪是简帛学的世纪"这一新时代的形成、这一新兴学科的构建奠定了雄厚的基础，亦是全世界学术界所注目的新学问，亟须学人们孜孜以求，添砖加瓦，我们因成为其中一员而深感荣幸。未来我们要做的事情很多，既要认清简帛巨大的研究价值，积极提倡并推进学术界关注简帛学的研究与发展，又要专心于简帛学研究，立志为成就简帛学伟业而投入毕生之功力；还需将本土性与国际性相结合，传统性与时代性相衔接，学科的自我构建与多学科开放交叉彼此融合，做到如此，简帛文献的学术研究在未来必将蔚为大观，渐入佳境。

10天时间，我们真正从室内研究走向了广袤的田野遗址中去，寻找我们的学术根基。考察虽然只是地图上的一小段、短暂的光阴，但留下的每一步足迹却踏踏实实，让人可以翻来覆去地回味。行走在烈焰的戈壁上，掩映在大漠的夜色里，下榻一家心怡的客栈，寻找一些能打动你的物品，一个遗址、一个场馆、一首歌、一段旅程、一杯咖啡、一壶烈酒，也是一个值得永久怀恋且回味无穷的故事。

大漠莽莽侠客行，师生情留古凉州

葛尔沼*

——谨以此文献给我深爱的聊城大学，献给我可敬、可爱的蔡校长和诸位恩师，献给我充满怀念和不舍的四年……

烈风呼啸，沙尘阵阵，西北的日头早已越过厚厚的城墙倾斜下来。在这片燥热的土地上，从来都不缺乏敢于前进、勇于探索的侠客们，执剑跨马，寻今访古，在戈壁中探访千年；跋涉山水，钟情天地，在文明中寻找真理。在侠客的眼中，一草一木皆有情，当一群侠客与千年凉州相遇时，一场奇妙的邂逅就开始了……

2018年8月，蔡先金校长带队的聊城大学简帛学研究团队来到甘肃。从飞天敦煌开始，访古迹，探洞穴，查古简……观赏了广袤戈壁，偶遇了漫天飞沙，感受到了甘肃别样的自然风光和人文景观。一路走走停停，一路相见恨晚，飞鸟伴着夕阳同他们告别，沙

* 葛尔沼，聊城大学文学院2014级本科生，现就职于武威市发展改革委员会。

尘携着朝霞与他们启程。一路向南，8月14日，蔡校长一行人来到了历史文化名城——甘肃武威。

武威，古称凉州，河西走廊重镇，是中国古代西北政治、文化、经济中心，曾先后被匈奴、党项等众多少数民族统治，也是汉文化向西域流传的重要承载地，具有深厚的文化底蕴。2018年6月底，因省考面试的原因，我未能参加学校毕业典礼，从朋友圈中看到同学们发的毕业典礼视频时，心里是颇感遗憾的。所以，当从宁登国老师那里听悉蔡校长一行即将到来的消息，我万分激动。我盼着、数着蔡校长一行来凉的日子，与宁老师保持着紧密的联系。作为凉州人，能在家乡接待母校的贵宾们，我真的感到很荣幸；作为聊大人，能与恩师们相聚于距学校千里之外的凉州，我感到无比自豪。

见到蔡校长一行是在14日的早上，虽然就在自己家乡，但是看到熟悉、亲切的老师们还是会有他乡遇故知的感觉，仿佛又置身于聊大校园，周围的一切都转化成星月广场、羡林湖，阳光、空气、夏风都从一种熟悉变为另一种熟悉，像穿越了时空一般。在宁老师的引荐下，我见到了蔡校长。蔡校长个头很高，身材很壮硕，戴着一顶浅灰色的钓鱼帽，精神很好。令我吃惊的是，蔡校长一见到我，就热情地与我握手打招呼，同他的距离感从那一刻就消失了，他不再是一位威严的高校领导，而是一位和蔼、亲切、从容的长者。

与其他老师见过面之后，已临近中午。根据安排，我引导老师们来到具有凉州特色的一家餐馆，向老师们推荐了排骨垫卷子、面皮子、沙米粉等特色美食。吃饭过程中，蔡校长询问了我毕业以来的工作、生活情况，并对我提出了期望和要求：一是要懂得感恩，懂得奉献；二是要永远做一个正直的人，将党的教育入脑入心，化成一种融入血液的力量；三是要懂得取舍，懂得舍得，只有付出，才能有获得……第一次如此近距离地聆听大学校长的教诲，真的感觉用尽了自己所有的运气，但即使这样，也感到了无比的幸福。每当在夜晚想起跨过千山万水的四年，耳畔回荡着各位师长的话语，总是会分外不舍，总是会叹息不已，叹息岁月的蹉跎，感叹青春的美丽！

吃罢饭，老师们参观了中国旅游标志"马超龙雀"的出土地——武威雷台。大家观赏了青铜兵马阵，探访了雷台汉墓，参观了凉州词话博物馆和武威西夏文化博物馆。

一趟下来，大家都对西北地区的古文化发展赞叹不已，纷纷说没有看够。接着，我们又驱车前往武威文庙，这里是河西走廊儒家文化的聚集地，一块匾、一方字、一座建筑都彰显着武威儒家文化深厚的历史积淀。各位老师在这里不时驻足研究，拍照留念。这期间，一片云彩带来的细雨更是给这次学术考察带来了清凉，像给干涩的毛笔再次添饱了墨，从另一个角度展示这个古城的深厚内涵。

一路走走停停，一路充满欣喜。在我看来，这次母校老师们的西北之旅就是一次充满浪漫色彩的侠客行。大漠或许可以阻断前行的路，遮住远眺的眼，但是挡不了一颗追求真理、探求另一片天的心。

转眼就到了要与老师们分别的时候，远处老人手里的三弦正在弹奏凄美的古曲——《凉州贤孝》，曲声阵阵道出了师生之间的不舍。话别之际，蔡校长、苗院长和众多老师勉励我要继续努力。那一刻，我看到了那熟悉的眼神，那眼神曾出现在教室里，出现在图书馆，出现在西校区的栖凤林下，出现在东校区的孟真湖畔，已深深印入脑海。

车已经发动，老师们将带着对这片土地的所思所感回到齐鲁大地，为今后更多的学弟学妹们讲述在中国的西北还有一方热烈、神秘又静谧的土地；而我也将带着校长、老师们的教诲和嘱托投入工作、学习之中，像侠客一般，坦坦荡荡，笑对人生。

情尽国学院，心香祭苗君

宁登国[*]

　　苗院长离开我们已经七天了。这几天，眼前时时浮现出苗院长的影子，真耶？幻耶？梦耶？醒耶？仍然难以接受这场猝然的离别。想不到，4月22日的那次长谈，竟成了我和苗院长的最后告别。他对于国学院发展的谋划和叮咛，至今仍萦绕耳畔，音容宛然。

　　2021年4月22日是周四，按惯例是学院例会时间，但通知说今天例会取消。想到已有几天没见到苗院长了，下午4点前后，我到办公室取完听课记录表后，顺便踱到了他的办公室。正逢三个研究生从他办公室出来，很热情地向我问好，个个脸上绽放着笑容，可以看出又是收获很大。苗院长招呼我坐下，桌子上放着他的代表性著作《唐宋词体通论》，看来刚为研究生讲解使用过。

　　他告诉我说："你来得正好，我正想找你谈谈。过两天学校要开第五次党代会，我想提交一个讨论意见，将咱们国学院的过去、

＊ 宁登国，聊城大学文学院教授，硕士生导师，聊城大学简帛学研究中心主任。

现在和未来发展情况说一下，以更好得到学校领导的支持。你很清楚，国学院虽然成立于2018年10月，但它不是平地高楼、突如其来的，其前身是我们的中国古典文献学，是王世舜先生20世纪60年代开始的《尚书译注》、《尚书》研究、《先秦要籍词典》、《庄子译注》，由此开启了经学研究方向，并成功获得聊城大学最早的硕士学位授予权；然后就是李庆立先生《谢榛诗集校注》和《谢榛诗集研究》所开启的聊城地方文献研究方向。以此为基础，筚路蓝缕，一路走来，其间因各种原因，有波折，有兴衰，这都是你经历的，最清楚。"谈至此，他轻轻地干咳了几下，因数月前曾在脑科医院住过一段时间，他明显消瘦了许多。医生曾建议他长期休养，但他出院后第二天就上班了。

他端起水杯含了点水，略皱了一下眉头，继续说："2018年，蔡校长成功申获两个省级科研平台，一个是简帛学研究中心，这是个省级社科规划重点研究基地；一个是山东特色文献与传统文化'双创'研究协同创新中心，它现在虽然是个培育建设中心，但也是省教育厅科研平台，起点都很高，以此为支撑，成立了国学院。蔡校长高度重视国学院建设，并聘请姚老师、季老师两个特聘专家全力指导，我们要把它建设好。你作为具体负责人，一定要牢牢抓住'特色文献'这个中心不放，要守住，中间不能放弃。该引进人的就要积极引进，该走出去的就要走出去。我知道一个学科的培育需要一定的时间，但也不能老是坐而论道，不见产出。今后要带领大家人守一地儿，不动摇，不游离，多出成果才是。这次党代会上讨论时，如时机可以，我要提提这个事儿。"苗院长说完后，望了望窗外，硕大的法桐已由原来我入校时碗口粗的树苗长成参天大树，绿荫婆娑。

作为国学院两个中心的负责人，苗院长不仅如此说，而且竭尽全力，带领团队成员默默做了很多工作。2018年8月6—15日，为了增强简帛考古发现的现场感，开拓学术研究视野，苗院长和蔡校长亲自带领团队成员11人，历时10天，纵横近万里，进行了一次河西走廊简帛出土遗址实地考察活动。在考察过程中，苗院长充分发挥其诗词专业优势和博学多识，走一处，写一处；写一处，诵一处，显示了其过人的才华和对边塞的思考。这里仅择录他考察瓜州、锁阳城、嘉峪关、黑水城时的四首即兴创作诗歌，以窥其才思。

锁阳城

少小喜边塞，诗中有瓜州。

戈壁朔方城，人称即此州。

沙中寻锁阳，黄昏始登楼，

墙上抚城看，沙棘锁荒丘。

万里山河万里川

万里山河万里川，孤城遥望是祁连。

荒滩遍地尽沙丘，奈何春风不度关。

嘉峪关

祖业不可弃，弃之留祸殃。

寸草不生地，石子入宝藏。

黑水城

城大势压锁阳城，地下所见到元明，

版画绚烂有四美，翻看河长汉遗英，

文明纵横续华夏，元昊兴国贯其中，

莫轻蛮夷无文化，都入中华物古中。

（李如冰老师据苗院长录音整理）

2018年10月19—22日，苗院长和蔡校长在东湖宾馆主持召开了第七届出土文献与中国文学史研究学术研讨会，来自北京大学、清华大学、复旦大学、山东大学、南京师范大学等30余所高校和科研机构的60多位专家学者齐聚聊大，就出土文献与古代文学研究的相关问题切磋研讨，极大地扩大了国学院的影响力，增进了团队成员与其他高校学者之间的学术交流。相关会议论文汇编为《中国简帛学刊（第三辑）》，2019年10月由社会科学文献出版社出版。

2019年12月9日，山东省教育厅、财政厅王建民处长一行来国学院，对山东特色文献与传统文化"双创"研究协同创新中心的工作进行评估。苗院长从科研创新、队伍建设、人才培养、条件保障等方面进行了详细的汇报，得到了评估组的一致认可。简帛学研究中心被评为校级A类科研平台。为准备汇报材料，苗院长亲力亲为，一丝不苟，我至今仍清晰记得当时和他一起在国学院中午吃泡面的情景。正是在他的带领下，国学院成立不到三年的时间，便承担了国家级重大、重点及一般项目12项、发表论文42篇、出版学术专著8部、获得山东省社科特等奖等4项奖励的可观成绩。

尤其难得的是，虽然担任行政职务劳心费神，占用大量时间，但苗院长的学术科研一如既往，笔耕不辍，而且大有后来居上、渐入佳境之势。他的山东省社科重点项目"图说运河文化"（12WC16）、国家社科基金项目"京杭大运河与明清文学研究"（16BZW082）、山东省社科重大项目"《子海》子课题"（12SWTJ03）、全国高校古籍整理项目"范石湖集校注"等，以及在《光明日报·文学遗产》《明清小说研究》等期刊发表的重要论文，都是在他2012年担任行政职务以后完成的。正如他在《现代歌词文体学》一书的《后记》中所说："我越来越觉得每一个时代都有属于它那个时代的音乐文学，而我们对它的了解是太少了。我以后还会不懈地努力，在音乐文学这块园地中继续耕耘。"著名歌词创作者乔羽先生曾专门致信苗院长，对其学术成就激赏说："从一个新的历史角度来审视当代歌词，给它以正确的评价，给它以有益的指导，是一项开拓性的工作，披荆斩棘，谈何容易。你的出现便是一个明确而响亮的信号，有林中的响箭、空谷的足音的意味。"❶

人生如梦，充满太多的想不到。半月前，苗院长在会议室与老师们座谈经典诵读，一时兴起，曾一展歌喉："大江东去，浪淘

---

❶ 苗菁. 乔羽给苗菁的一封信［M］// 苗菁. 现代歌词文体学. 北京：中国文联出版社，2002：1.

尽，千古风流人物"，浅吟低唱，音惊四座，想不到竟成空谷绝响。今日立夏，门前的月季花开了，借一瓣花香，泪祭苗君，惟愿"生如夏花之绚烂，死如秋叶之静美"。

苗君安息！

2021月5月5日

斯人已逝，幽思长存

杜季芳

　　4月的天空，弥漫着芬芳的气息，在这个最美的季节，我们尊敬的苗院长永远地走了，走得这么突然，家人、同事、学生以及他所有的师友们，都震惊万分，沉痛不已！昨天的此刻，想必苗院长正在驱车赶往学校的路上，可谁会想到，如今的他，就已经去了另一方世界！苗院长离开我们已整整一天了，此时的我，依然恍恍惚惚，坐在电脑前，却丝毫没有情绪打开它，脑海里不断浮现苗院长昔日的一幕幕画面。

　　苗院长是我的大学老师。20年前的这个时候，我正读大四，最后一个学期，苗院长给我们讲授"唐代文学与音乐的关系研究"这门课。从那时起，他的温文尔雅、他的博学多识、他的严谨不苟，给我留下了至为深刻的印象。后来，我考取了本校的研究生，在读期间，跟随苗院长一起去阳谷给函授生上课，每周一次，坐大巴车往返。一路上，总可以听他讲起一些历史掌故、名人旧事、民俗风情，等等，感觉苗院长就像一部"活字典"，上知天文，下知地理，饱读诗书，遍览古今。一个学期下来，我长了不少见识，跟苗院长的情谊亦愈加深厚。后来，我在外读博三年，与苗院长联系并不多。直至2007年，毕业后回校任教，跟苗院长同在一个教研室，不久后，他荣升为分管科研的副院长。这期间，苗院长时常会督促、鼓励我们写论文、报课题，还将自己申报国家课题的经验慷慨分享。即便在他担任院长之后，事务繁忙，也不忘时时关心我们个人的发展。前段时间刚结束的2021年国家社科项目申报中，我的题目因限项被卡，苗院长为此亲自给我打电话，从申报书的具体修改，谈到了日后的科研规划和努力的方向，又给了我诸多指点和热情鼓励。从中，我深深体会到苗院长的良苦用心。他的这份殷切之意，我怎会忘记呢？

在与苗院长二十多年的交往中，最难忘的，莫过于三年前跟着他去西北田野考察的那段时光。2018年8月6—15日，在蔡校长和苗院长的带领下，简帛研究中心成员一行11人，到河西走廊简帛出土遗址进行田野调查。清楚地记得，在临行之前的那天傍晚，在东校区高教研究院二楼，苗院长专门就此召开了动员会议，安排行程，具体到每一个细节，并特别提醒大家，要将考察跟简帛学紧密结合起来，以提高考察成果的学术性，建议每一位成员都要带着问题、带着想法去考察……从中可见他虑事周详、严谨细致的一贯风格。接下来的10天时间里，苗院长陪伴着我们跋涉于戈壁荒滩，踏过了古城关塞，探访了阳关、玉门关、汉长城及烽燧等二十多处简帛发现遗址，悠远绵长的河西走廊上留下了大家坚实的足迹。忘不了在兰州机场，苗院长跟大家一起品尝那热腾腾的兰州拉面；忘不了在红西路军安西战役纪念馆，苗院长给我们讲的那些革命者的故事；忘不了在锁阳城遗址，夕阳西下，登高远眺，发思古之幽情，苗院长给我们吟出了美丽的诗篇；忘不了在由敦煌去往额济纳的途中，狂风裹挟着黄沙在戈壁滩上呼啸而来时，苗院长跟大家说的"不要怕"；更忘不了在行进中的汽车上，苗院长跟大家一起引吭高歌蔡校长即兴创作的《行者无疆》……这一切，如此美好，我们又怎能忘记呢？

2020年8月19日，山东省古典文学学会年会在济南召开，苗院长带领我们7人一同乘车赴济参会，同去同往，抱团行动，和谐融洽的团队关系和良好的精神风貌，引来了兄弟院校们的称赞和艳羡。回来的路上，苗院长跟大家聊生活日常，话学术前景，收获一路欢声笑语。苗院长是我们的一院之长，可作为领导，他从不对我们居高临下，更不会颐指气使。《诗经》有言："言念君子，温其如玉。"在我们的心中，苗院长就是这样一位温润如玉的谦谦君子。

前不久，也就是4月15日下午，在学院二楼会议室，苗院长给大家召开研究生学位论文质量专题工作会议，千叮咛万嘱咐，提醒大家要严格要求学生，把好学位论文质量关，并表示从自我做起，从自己带的学生做起，严肃对待，不留情面。当天的苗院长，身着深色正装，低调、谦逊，而又尽显儒雅气质。会后，我们几个同事聚在一起，在学院楼前继续聊着学生论文的话题，苗院长碰巧从办公室出来，也不约而同参与其中，一如既往的平易、亲切！可谁会想到，两周之后，他就这么突然地离开大家了呢！

　　今天是周四，是学院例会的日子，多么想，还能够像以往一样，听苗院长布置学院的工作！多么想，还能够看到苗院长那温和亲切的面庞！多么想，昨天发生的一切就是一场噩梦！然而，这一切都是不可能的了。下午，跟同事们一起去吊唁，蒙眬的泪眼中，看到了长眠于冰棺的苗院长，虽然不敢相信，更不愿相信，但他确确实实就是我们的苗院长啊！厅内摆放的一束束鲜花，一个个花圈，一副副挽联，无不寄托着亲朋好友的哀思。如此受师生爱戴的一位师者，五十多岁的生命，无论如何都太短暂了，大家都舍不得……

　　谨以此文悼念我尊敬的苗老师！我们尊敬的苗院长！

2021年4月29日

后记

重新整理三年前大家写下的考察日志，不禁百感交集。

2018年8月6日，聊城大学简帛研究中心团队一早出发，在蔡先金校长和苗菁院长的带领下，从济南起飞，开启了我们的简帛之旅。落地敦煌后我们从阳关、玉门关、莫高窟、西晋墓，到悬泉置、锁阳城，还顺道参观了瓜洲的红西路军安西战役纪念馆，接受了红色教育；然后经榆林窟、嘉峪关，到金塔县寻访地湾、肩水金关、大湾遗址；再到中蒙边境小城额济纳旗附近考察黑水城、甲渠候官；经张掖、武威，最后到达兰州，参观甘肃省博物馆和甘肃省考古研究院收藏的简牍，15日结束行程。10天的时间里，我们朝行夜宿，辗转多地，行程万里，几乎踏遍了西北地区所有重要的简帛出土遗址以及一些重要的文化古迹。每天早晨7点早餐，8点出发，一跑就是一天，往往要晚上10点以后才能到达宾馆休息。西北地区地广人稀，遗址偏僻，尽管我们行前做了不少准备工作，但仍然遇到一些想象不到的困难甚至危险。马圈湾是我们计划中唯一没有完成的一站，当我们到达导航指引的地方，看到的只是马路两边的茫茫戈壁，根本看不到遗迹的影子，周围又杳无人烟，也没有行人可问。天色渐晚，我们只能放弃。回程的路上，乘坐的车子又因为汽油耗尽在傍晚的戈壁滩上滞留两个多小时。寻找悬泉置时也碰到类似情况，导航指示根本不准，为了寻找悬泉置，我们在满是油污的乡村小店里吃饭，在荒无人烟的沙漠公路上颠簸，差点迷失在酷暑中的火焰山里。好在功夫不负有心人，当我们终于如愿找到悬泉置时，惊喜的心情难以言表。有些遗址太过偏远，车辆无法进入，我们常常需要长距离徒步，有时需要穿过牧民围的铁丝网才能到达。全程考察，蔡校长总是走在最前边的一个。大湾城遗址在军事区内，我们费了一番周折才获准进入，考察完已是下午三四点钟，连午饭都没有顾上吃，只能在加油站的小卖部买些点心充饥。刚填饱肚子，回程的路上又遇到夏日少见的沙尘暴，远接云端的沙尘暴以惊人的速度排山倒海般扑向我们，我们无处可逃，只能待在汽车里等沙尘暴过去，不禁后怕：如果在野外遇到这种情况该如何应对。

当然，除了艰辛，我们也收获了很多快乐和感动。一路上，我们团队成员同甘共苦，互帮互助，互相支持和鼓励。蔡校长依《贞观长歌》主题曲填词的《行者无疆》成了我们的团歌，大大增强了团队的凝聚力。参观西晋墓时，意外得知看护古墓的老人是来自山东的老兵，转业后留在当地，退休后发挥余热，又担负起保护文物的责任。在额济纳，我们见到在当地工作的校友李伟，他乡遇故知，感觉分外亲。在武威，我们见到刚毕业参加工作的葛尔沼，因故错过毕业典礼校长拨穗的他，有幸面对面聆听校长语重心长的教诲。兰州最后一站，在马智全师兄的帮助下，我们得以目睹最珍稀的一批简牍，那种穿越千年的美丽让我们震撼得几乎要屏住呼吸，连见多识广的蔡校长都忍不住惊叹。

三年过去，考察途中的点点滴滴还时常萦绕在心里，成为我们团队成员心中最深刻的一段记忆。考察遗址的经历令我们身临其境，透过千年时光，触摸到古人的心跳和灵魂，点燃了我们进行出土文献研究的热情。三年的时间，日月如梭，世事变迁，敬爱的蔡先金校长因工作需要调到省直机关任职。苗院长积劳成疾，以身殉职。去年开始的新冠肺炎疫情席卷全球，持续至今，出行成了一件高风险的事。但不变的，是我们坚守学术的初心。习近平总书记指出，增强做中国人的骨气和底气，让世界更好认识中国，了解中国，需要深入地理解中华文明，从历史和现实、理论和实践相结合的角度深入阐释中国力量。要充分挖掘和利用丰富多彩的历史文化、红色文化资源加强文化建设。相信我们的团队在简帛学研究中心主任宁登国教授的带领下，在聊城大学特聘教授季旭昇、姚小鸥、赵海丽三位老师的大力支持下，将会继续在学术之路上孜孜以求，充分利用出土文献，在挖掘优秀历史文化资源方面作出自己的贡献。

该考察纪实如愿出版，得到了季旭昇教授科研经费的全力资助，在此表示衷心的感谢！

李如冰

2021年11月30日

于聊城大学简帛学研究中心

图书在版编目（CIP）数据

简帛书写与河西走廊：聊城大学简帛学研究团队考察纪实/李如冰主编. —北京：知识产权出版社，2022.7

ISBN 978-7-5130-8199-3

Ⅰ.①简… Ⅱ.①李… Ⅲ.①简（考古）—研究—中国 ②帛书—研究—中国

Ⅳ.①K877.54

中国版本图书馆CIP数据核字（2022）第096657号

责任编辑：王颖超　罗　慧		责任校对：潘凤越	
封面设计：研美文化		责任印制：刘译文	

简帛书写与河西走廊

聊城大学简帛学研究团队考察纪实

李如冰　主编

出版发行：知识产权出版社 有限责任公司	网　　址：http：//www.ipph.cn	
社　　址：北京市海淀区气象路 50 号院	邮　　编：100081	
责编电话：010-82000860 转 8655	责编邮箱：wangyingchao@cnipr.com	
发行电话：010-82000860 转 8101/8102	发行传真：010-82000893/82005070/82000270	
印　　刷：三河市国英印务有限公司	经　　销：新华书店、各大网上书店及相关专业书店	
开　　本：720mm×1000mm　1/16	印　　张：11.5	
版　　次：2022 年 7 月第 1 版	印　　次：2022 年 7 月第 1 次印刷	
字　　数：128 千字	定　　价：68.00 元	

ISBN 978-7-5130-8199-3